清华园里的
退伍老兵

（第二辑）

熊剑平　主编

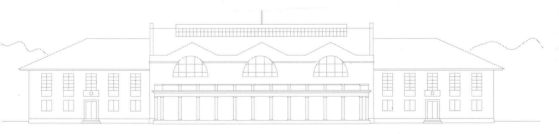

清华大学出版社
北京

版权所有，侵权必究。举报：010-62782989，beiqinquan@tup.tsinghua.edu.cn。

图书在版编目（CIP）数据

清华园里的退伍老兵. 第二辑 / 熊剑平主编. — 北京：清华大学出版社，2021.4
ISBN 978-7-302-57984-7

Ⅰ. ①清⋯ Ⅱ. ①熊⋯ Ⅲ. ①军人 – 回忆录 – 中国 – 现代 Ⅳ. ① K825.2

中国版本图书馆 CIP 数据核字（2021）第 063095 号

责任编辑：纪海虹
封面设计：傅瑞学
责任校对：王荣静
责任印制：杨　艳

出版发行：清华大学出版社
　　　　网　　址：http://www.tup.com.cn, http://www.wqbook.com
　　　　地　　址：北京清华大学学研大厦 A 座　　邮　　编：100084
　　　　社 总 机：010-62770175　　　　　　　　邮　　购：010-62786544
　　　　投稿与读者服务：010-62776969, c-service@tup.tsinghua.edu.cn
　　　　质量反馈：010-62772015, zhiliang@tup.tsinghua.edu.cn
印 装 者：三河市吉祥印务有限公司
经　　销：全国新华书店
开　　本：160mm×230mm　　印　张：16.75　　字　数：256 千字
版　　次：2021 年 4 月第 1 版　　　　　　　印　次：2021 年 4 月第 1 次印刷
定　　价：68.00 元

产品编号：087536-01

本/书/编/委/会

主编

熊剑平

执行主编

邓 宇

副主编

王晓丽

执行编辑

吕冀蜀　白玉凤　李正新　刘 闯
郑凯丽　郑亚旻　韩瑞瑞　罗芙蓉

序言 PREFACE

退伍老兵身上的清华传承

看过《清华园里的退伍老兵》第一辑,就会特别期待第二辑。

每年清华都会举办欢迎老兵光荣退伍的座谈会,我有幸参加了其中的几届,听他们讲起部队的种种经历,经常感慨于他们经受磨砺而不改初心、勇敢前行,受到挫折却愈挫愈勇、不言放弃。从他们身上,我看到了身为清华人的"倔强"与"骄傲"。

我听水利系的罗平同学讲过,为了成为合格的海军陆战队的一员,他喝下去的海水足以撑破肚皮,身上刚刚结痂的伤口被泡烂也要坚持训练。材料学院的韩宝瑞同学在朱日和基地光荣地接受了习主席的检阅,这背后却是异常艰苦的阅兵训练,往往是"脸上的皮掉了一层又一层,脚底的水泡破了一个又一个"。社科学院的赵金龙同学两次出国参加比武,从尖刀班到特战队,经历了完整的侦查兵集训,"打不完的靶、过不完的障碍、练不完的登降机、游不完的泳、擦不完的枪",最后,"训练就是休息"。法学院的苏立同学曾参与扑灭营区旁边居民楼的大火，全然不顾自身安危；他也曾从被洪水淹没的房屋里背出年迈的老人，为自己能够有益于人民而自豪。2018年入伍的女兵郭婧同学主动申请到女子特战队，能奔善跑、爆发力惊人的她生性恐高，为了克服内心的恐惧，一次次爬绳爬到两臂抽筋，又从攀登楼纵身跃下。

这些都是《清华园里的退伍老兵》（第二辑）里真实的人和事，在清华的退伍老兵当中还有很多这样的故事，在他们身上无不体现着"忠诚、勇气、血性、荣誉"这八个字。这些品质的产生固然与部队这座大熔炉的锤炼有关，但体现在清华老兵身上却有着鲜明的清华文化烙印，是一百多年来形成的清华精神的延伸与传承。

"忠诚、勇气、血性、荣誉"——对于清华而言，是校训"自强不息、厚德载物"和"爱国奉献、追求卓越"精神的写照。清华最初以"庚子赔款"建校，在战争年代经历血与火的洗礼，在精神深处蕴积着"救国图强"的民族记忆，对外来侵略决不屈服，对不良势力决不妥协。从"一二·九"运动中高喊"要以血肉头颅换取我们的自由"的爱国学子到如今"到祖国最需要的地方去"的一代青年，从获奖时平均年龄超过80岁的"两弹一星"元勋到平均年龄不到24岁的核研院科研人员，清华学子在每一个时代，都无愧于国家和人民的殷切期望，为民族复兴的伟大事业献出了自己无悔的青春。而清华的退伍老兵们也都是怀抱一腔热血去到保家卫国的第一线，从西北戈壁到东部海疆，从祖国最北到南海岛礁，很多地方都留下了他们的足迹、他们的故事。"忠诚、勇气、血性、荣誉"，就是他们用清华精神与铁血军魂融合书写的华章。

"忠诚、勇气、血性、荣誉"需要一代代有志于从军报国的清华学子去丰富，去践行，去感染，去传承。从这本书中，我真切地感受到，这种传承不分性别，不分年龄，不分职业，不分地位，永远充满生命活力，永远走向上的道路。我也期望着老兵们能够继续将"忠诚、勇气、血性、荣誉"这些宝贵品质用在今后的学习和工作中，并影响和带动身边更多的人勤奋好学、为人正派、乐于助人，做对祖国、对人民有用的人。

过　勇

2020 年 12 月，工字厅

目录
CONTENTS

第一章　忠　诚

我是你万丈荣光中淡淡的一笔	陈嘉林	002
无悔戎程，无愧初心	李志伟	010
请回答　通信兵的岁月	师学胜	016
平凡中的坚守	周位鑫	022
两年军旅，一生无悔	周作勇	028
我是军营中的一株小草	刘恭言	034
山沟里，我守护着"国家宝藏"	伍廉荣	042
手握钢枪，赴青春之约	罗永贵	048
被折叠的时光	荆晓青	054
献身使命　不负韶华	乔冠中	060

第二章 勇　气

没有轰轰烈烈，只有勤勤恳恳	罗芙蓉	068
无悔军旅路	石贵铭	074
人生的大学校	苏　立	080
一名清华生的"少年英雄梦"	田　鹏	088
最冷清的元旦	王鹏跃	094
携笔从戎，塞外风景独好	熊鑫昌	100
以热血，敬军旅	许运佳	106
一棵沙漠中的胡杨	徐黎闽	114
做那奔涌的浪花一朵	邓明鑫	120
好男儿，当兵去——致我终将逝去的两年	刘　湘	126

目录 CONTENTS

第三章 血 性

冰镐	韩宝瑞	134
两年迷彩一生情	江永澎	142
丹心利剑	罗 平	148
水木清华圆梦,军旅芳华无悔	王 斐	154
清华梦 从军梦	王壮壮	160
不忘初心,永怀荣光	周心涵	166
迷彩色的回忆	刘天寒	172
携笔从戎,无悔青春	郭 婧	178
永不褪色的迷彩情结	李春龙	186
军营里学到的二三事	何 敏	192

第四章 荣 誉

光荣在于平淡，艰巨在于漫长 ······ 付 轲 200

人生需要磨炼，我的迷彩青春 ······ 李庞帅 206

不忘初心，继续前行 ······ 马文鼎 212

当我们谈起迷彩时 ······ 王 昊 218

我的两年迷彩生活 ······ 赵金龙 224

努力生活不辜负 ······ 韩瑞瑞 230

青春融进那片深蓝 ······ 时佳森 236

你要相信这不是最后一天 ······ 王庆鑫 242

义务有期，奉献无止 ······ 李 畅 248

后记 ······ 253

第一章 忠诚

忠诚是人生的本色。没有忠诚的人，就像大海里的一叶孤舟，经不住风浪的考验，驶不完长远的旅途。因为忠诚于理想，我们得以感激人生中每一段经历，越走越坚定；因为忠诚于事业，我们不惧前方艰难险阻，始终怀有赤子之心；因为忠诚于人民，我们收获更胜于财富的宝贵友谊；因为忠诚于家国，每一片落叶都将寻到它的归土。

一个个清华学子，因为心中有忠诚，脚下自有方向，他们携笔从戎投奔热血军营，将青春无限地燃烧。新闻与传播学院陈嘉林将自己融入细致、质朴的军营生活中，像一朵浪花奔腾在辉煌事业的长河里，愿做军旗万丈荣光中淡淡的一笔；法学院师学胜为做好保障任务，在三尺机台连续奋战九天九夜，只为担得起军衔的重量；能动系李志伟坚定初心，"参军为报国，此心永不改"；工程物理系周位鑫在露天装甲车中与寒冬对抗几个小时，身体没有知觉心中却倍感滚烫；环境学院周作勇主动请求到西藏服役，早已将镇守的边疆视为故乡；航天航空学院刘恭言以小草明志，无论是洗碗、擦车还是操作装备都做到最好；社会科学学院伍廉荣扎根山林守卫"倚天长剑"；新闻与传播学院罗永贵在一次次将手榴弹扔出去又捡回来的过程中，从少年成长为钢铁长城的一部分；美术学院荆晓青在训练场的沙尘里欢笑，在工作台上找意义，做平凡生活的超人；射击队队长乔冠中担负抗击疫情任务，冲在一线，穿着防护服跑步为隔离人员送上热饭，为孤独老人送上温暖和鼓励。

军人的荣誉，就是忠诚。"我站立的地方是中国，我用生命捍卫守候，哪怕风似刀来山如铁，祖国山河一寸不能丢。"这就是我们的信念，这就是我们的忠诚。

我是你万丈荣光中淡淡的一笔

个/人/简/介

陈嘉林,男,汉族,中共党员,1993年5月出生,上海人。2011年考入清华大学新闻与传播学院,2015年保研本院攻读国际新闻传播硕士学位。2016年9月入伍,服役于中国人民解放军82集团军合成某旅防空营,2018年9月退役。服役期间先后担任地空导弹光瞄员、基层风纪监督员、连队文书、新闻报道员、网络管理员等职务,连续两年获评"优秀义务兵"。在学期间曾担任新闻与传播学院团委组织副书记、校团委社团部组长、校党委学生部思教办辅导员等职务,曾获清华大学优秀共青团员、清华大学新闻与传播学院优秀毕业生、社会工作优秀奖学金和第七届"范敬宜新闻教育奖-新闻学子奖"等荣誉,并参加庆祝中华人民共和国成立70周年群众游行,现选调上海市委办公厅工作。

> 不去想如果失败怎么办，只去想踏踏实实地做好自己的事情。世界会奖励那些真正用心做事的人。
>
> ——陈嘉林

2018年9月3日，我自东南沿海的演训场踏上开往北京的列车，那时身上兀自残留着大海腥咸的气息。次日清晨，鸟鸣、人语和自行车清脆的链条声携着阳光从窗外涌入学校宿舍，但耳畔军号却已不再。拾起书桌上"光荣退伍"的红花，它在告诉我：军旅生活真的已经结束了。那一刻的感觉，就好像做了一场很长的梦。

如今告别军营已近一年，但永远也忘不了2016年的9月12日，那天我告别家乡启程奔赴军营，当时的那种忐忑和兴奋至今仍难以忘怀。

我有一本日记，从学校到部队一直带在身边，从入伍那天起，笔下的一切都开始与部队有关，记录着一路遇见的人、遇见的事和彼时的心情。翻开那两年留下的文字，种种往事跃然眼前。

初携笔　着戎装

这是在军营的第一晚，睡不着。傍晚抵达龙门站时，夜空中飘洒着细雨，白露时节的洛阳已有了寒意。坐上接兵的客车，车窗外的霓虹灯向着身后远去，渐渐灯光暗灭，渐渐行人疏稀。待天光放亮，军旅生涯就要开始，说实话，内心的紧张要多于兴奋，因为一切都是未知。

2016年9月12日　洛阳孟津

步入营区时，夜已深，黑夜里什么也看不清。按照军官们的指令，新兵提着行李箱分列站好，接着新兵班长们来到跟前，逐一点名答"到"后，一队队新兵被各自的班长领走。我的新兵班长是四川人，个头不高，夜里看不清脸，牙倒是挺白。因为在去部队之前就听说过新兵班长一定要给新兵搬行

清华园里的退伍老兵（第二辑）

李的传统，所以当班长要给我提行李箱时，我推辞几下也就顺势给了他。班长带我进了营房、认了铺位，又让副班长领我去吃饭。那天饭量很足，吃得很饱，看着盘中剩的饭菜，心想刚入伍的新兵倒掉饭菜应该不太妥当，就硬生生把最后几口填进嘴里。回营房的路上，班副扭头对我说："你要记住咯，我是你的新兵副班长，是几个训新骨干里长得最帅的，好认。"我还嚼着一口饭菜，说不出话，就一个劲儿点头。回到兵室，班长已经整理好了我的床铺，让我早点休息，那时候先来的新兵战友已进入梦乡，鼾声如雷，就这样，我迎来了军营里的第一个夜晚，而那一夜我辗转反侧，彻夜难眠。

待天光再次放亮，难忘的新兵营时光就开始了。昨日还是象牙塔里的学生，今日便要成为一名战士；昨日还是日上三竿犹好眠，今日便要闻鸡起舞出操训练。这种骤然而至的反差最初令我很不适应，有时在睡梦中我好像又回到园子里，又坐到了课堂上，又走在了操场边，正是书声琅琅、阳光正好，每当这时，锐利的鸽哨声总会响起来，把我拉回军绿色的现实，起床、穿衣、叠被子、出早操。

转眼入伍两个月了，新兵营的生活很简单，每天都围绕着入伍训练展开，引体向上、3000米跑、100米跑、战术基础动作、手榴弹投掷……由于身体偏胖，还进入了"小胖子集训队"，每天清晨都要早起半个小时长跑，有时为了增加排汗量，还要披上厚重的雨衣。组训的士官叫李海，一会儿叫我蛙跳，一会儿叫我蹲起。身上总是湿的，肚子总是饿的，眼皮总是沉的，两腿总是酸的。

哨响灯熄终于宣告一天结束，几小时后就又是新的开始，日复一日。

2016年11月12日　洛阳孟津

"我是中国人民解放军军人，我宣誓：服从中国共产党的领导，全心全意为人民服务……"

盼望着，盼望着，授衔的日子终于来了。那个早晨，我们第一次穿起冬常服，戴上大檐帽，嬉闹着给彼此整理衣领、佩上国防服役章。礼堂里，举起右拳、高喊誓词，团长在台上宣读入伍命令，军官、班长们开始给新兵们一个个拧上军衔的螺钉。走出礼堂合影，整个新兵营分列站在台阶上，一个个瞪大眼、挺起胸、咧开嘴,我忽然想起,此时正是园子里合唱比赛的日子,画眼描眉的同学们也不知会是何模样。

今天我授衔啦,面向火红的八一军旗庄严宣誓。班长给我挂上了一道拐的肩章,我敬礼,他回礼。想到从此便有了一个新称谓——中国军人,不知怎的,眼眶有些湿,鼻子酸酸的。

2016 年 12 月 9 日　洛阳孟津

佩军衔　炼兵心

授衔后就要下到连队,作为列兵,在连队里除了日常训练以外,大部分时间都是承担最基础的工作,比如打饭、洗碗、整治卫生等,而来到部队以前是很少做这些的。部队很少给选择的余地,为了把工作做好,就不得不去喜欢上自己正在做的事。简简单单地打扫卫生、叠被子、洗衣服,不断地磨炼着心性,很意外地戒掉了毛躁不耐、好高骛远的毛病,修炼着沉稳平静的内心。

下连后不久就是中国人最为重视的农历新年,游子们无论身处何方都要往家的方向赶,但那一天的我不能回去。部队给我上的第一课就是感恩和珍惜。

今天是除夕,连队安排战士家属发来了贺年视频,时隔百余日再次看到了父母的容颜,再次听到了双亲的声音,近在咫尺却又触不可及。以前总想着离开家,摆脱唠叨和管束,去往广大的天地,此时方知树高千尺根在沃土,鸢飞戾天终要归巢,能与亲人团聚是一件多么幸福的事情。

2017 年 1 月 27 日　洛阳孟津

在部队,最多的塑造还是源自于军事训练,从中得到的感悟和收获与校园截然不同。第一,是勇气。第一次训练 400 米障碍,高板可能是大部分人的

清华园里的退伍老兵（第二辑）

第一个困难点，翻过矮墙冲到高板前，才发现高板确实挺高，距离头顶约有一拳，当下便泄了劲道，腿上发软，堪堪一跃，未能攀上高板，却只撞得胸疼。

今天开始训练 400 米障碍了，跑到高板底下总会犹豫，腿上一软就跳不上去。王仓班长说，看到障碍是要加速的，不能有一点畏惧，否则你就过不去。

2017 年 5 月 28 日　洛阳龙门

第二，是勤奋。上肢力量始终是我的弱项，刚入伍时练到双手起了血泡，但无论怎么努力晃动自己的身体、蹬腿，也无法完成一个引体向上。班长说，手上起泡破皮说明练得少，等哪一天结了老茧，兴许就能拉上去了。从此，我就和那根杠"杠"上了，吃饭、带回、熄灯、集合……但凡有那么几分钟空闲，总要抓住单杠挣扎一番。也不知究竟是哪一天，终于将下巴抬过了杠，呼吸到了距地两米半的空气。念念不忘，终有回响，诚如此言。

第三，则是毅力。陆军士兵得有些腿上功夫，在连队我经历过 3 公里、5 公里，甚至是十几公里的长跑，经历过战斗体能拉练，也经历过按图行军翻山越岭，它们一次次对我说：不怕慢，就怕站，积跬步，终以致千里。

清晨 5 点多便全副武装身背行具向龙门石窟来了个 3 公里的重装奔袭，等来到龙门山脚下，早已是上气不接下气。随后又登山，蜿蜒的山路似乎没有尽头，起初还兴致勃勃地掂花惹草、看看风景，后来只能随着前面人的脚步亦步亦趋。不知听谁忽然喊了一声，"到了，山顶快到了！"才发现自己已经在最高的山峰伫立。

2017 年 6 月 4 日　洛阳龙门

梦铁马　回连营

时光飞逝，2018 年的白露转瞬即至，700 多个日子悄然离去，关于军营的日记终究要落下最后一笔。

没有人能永远当兵，但永远都有人当兵。那年离队的老兵，你们回家后的生活想来也有诸多的不易吧。家要成，钱要挣，奔走红尘，莫忘曾经是军人；依然坚守岗位的战友，特别是那年选择了留队的我的同年兵们，是否还守护着一颗兵的初心？有没有在部队好好工作，不断突破自己？一直期待着与各位重逢，希望能够遇见更好的彼此。

在军营，有过欢笑，有过泪水，有过荣誉，有过批评，有过成绩，有过遗憾，酸甜苦辣、五味杂陈，笔下千端，难诉深情。在脱下军装的时刻，每一个退伍老兵都有说不完的话、道不尽的内心，千言万语归结起来，我想终究还是感激，因为我们的成长离不开军营的教导和培养，军营将一个个地方青年打磨成了铁血军人。

清华教我以学识，军营明我以坚贞的勇敢。如今我相信，痛苦是软弱离开身体的感觉；我相信看到障碍不能怕，狭路相逢勇者胜；我还相信没有比脚更长的路，没有比人更高的山。如今我也不相信，不相信有完成不了的任务，不相信有战胜不了的敌人，不相信有克服不了的困难。这些军人的宝贵品质已经融入灵魂和血脉，它们一定会在我生命中最需要的时刻如约而至，在迷茫时给我指引，在怯懦时给我勇气，在疲惫时催我奋进。

卸下肩章和领花回到学校，我又想起了入伍前身边人问的问题，一个每名清华军人都绕不开的问题——"为什么要去当兵"。那一刻我发现，这应该是一个自问自答的问题，它确实经常来自旁人的疑惑，但更多源于我们的内心。服役的时候，熄灯后的每一晚、日记里写下的每一笔、操场上跑过的每一圈，甚至每次走过军容镜前，我都在问自己，也正是它们给了我答案，一个属于我自己的答案。

松枝绿　永在心

答案究竟是什么？我发现它会随着生命历程的铺展而不断演绎。

当兵，让我与这个国家、这片土地之间建立了更深刻的血脉联结。从1998年抗洪到2003年非典，从汶川抗震再到2020年的新冠疫情，我们可以

清华园里的退伍老兵（第二辑）

看到中国最伟大的力量来自精诚团结，来自心手相连。而在部队，你正可以融入这股力量之中。还记得2019年国庆，共和国迎来70华诞，我走在伟大复兴方阵之中，当通过天安门城楼时，所有人的情绪都被点燃，我们朝着总书记、朝着来宾们致意，我们尽情舞动着手里的花束，即便知道每个人都不过是镜头中最微小的像素点，我们向全世界高喊着"祖国万岁、青年加油"，有的人眼眶里早已泛起了泪。我忽然发现这种心潮澎湃是那么似曾相识，在军营里我的灵魂也曾如此激昂震颤。我试着去寻找这种强烈情感的原因，才明白一滴水只有放进大海里才永远不会干涸，一滴水只有放进大海里才能够掀起怒浪滔天。雪原、海角、边疆、丛林、大漠、山冈，千千万万和我一样的战士守望在祖国的四面八方，我们一样，一样摸爬滚打、一样戴月披星、一样血染征袍、一样汗湿衣襟，共同的奋斗让生命的能量彼此联结，在守卫祖国的伟大使命中产生共振，由此唤醒了灵魂脉搏最强劲的律动。近千年前，南宋诗人陆游喟然叹曰："何方可化身千亿。"何方可化身千亿？那就是做一朵浪花，奔腾在辉煌事业的长河里。

倥偬军旅火红的基因注入灵魂，为我标明人生航向。部队生活是细致的，岗位是质朴的，想象中的轰轰烈烈并非常态，而是要在叠被子、走队列、打扫卫生、站岗放哨等方面的日常细节做到极致，日复一日。真的很平凡，但在平凡中酝酿着耐心和执着。有多少人的事业，至少在事业之初，是波澜壮阔、纵横捭阖的呢？我们终究还是在微小的社会分工中发挥作用，这就需要一份静气，能够耐得住琐屑和寡淡。临近毕业，我选择参加基层选调，希望能够投身公共服务，并使之成为自己一生的事业。如今真的走上工作岗位后，在市委办公厅的大院里，我只是守着一方小小的天地，擦车、打扫、整理文件……平淡是工作和人生的常态，这和部队里的日子一样，没有一步登天、没有功德圆满，光荣在于平淡，艰巨在于漫长。

在3年前启程前往军营的那天，老师给我发来一条消息，他说："一个深思熟虑后决定人生的人，人生也一定会给他深思熟虑的答案；一个敢于超越自己的人，人生也会给他超越想象的美好。"真诚地期待能有更多的清华学子携笔换戎装，向着烽火，赴这场青春的约定。

再见，军旗。我永远是你万丈荣光中淡淡的一笔。

2018 年 9 月 3 日　福建东山

无悔戎程，无愧初心

个/人/简/介

李志伟，男，汉族，中共预备党员，1998年11月出生，江西贵溪人。2016年9月考入清华大学能动系（原热能系）；2017年9月参军入伍，服役于中国人民武装警察部队第一机动总队机动第七支队，2019年9月退役。服役期间表现优异，2017年12月被评为师"最美新兵"，2018年5月、2019年6月连续两年参加机动第七支队优秀"四会"政治教员比武，获得"支队十佳四会政治教员"称号，先后参加武警部队"卫士-2018""卫士-2019"联合演习，被评为"优秀义务兵"，获个人嘉奖一次，并于部队入党。

每个人都有权利向往诗和远方，但万里迢迢、星月朗照的远方，终究始于纯洁的跋涉者虔诚的向往，以及坚定不移的足下。

——李志伟

"好男儿就是要当兵"：参军，改变一生的抉择

2017年的6月，在大学生征兵季来临之时，清华园一如既往地贴上了宣传横幅和海报。彼时，即将上完大一的我站在学堂路上，看到了横幅上"莘莘学子携笔从戎，保家卫国建功立业"的大字，看到了海报上学长、学姐们身着戎装、英姿飒爽的模样，儿时的梦想、军训时埋下的种子在这时已经生根发芽。我一遍遍地问自己："参军，你准备好了吗？"

当火热的征兵季来临，强烈的从军梦在召唤，对热血男儿、铁骨铮铮的向往在我的胸膛里激荡，我当即决定：去学校武装部报名参军。

一开始，我的决定并没有得到父母和朋友的支持，我悄悄等待体检结束需要政审之时，才将消息告诉了他们。"抗震救灾、抗洪抢险，哪个不是军人首当其冲？战争来了还得上战场，你要是回不来我们全家人可怎么办？""部队很苦很累很折腾人的，到时候你受不了退回来，可是给清华人丢了脸呀！"亲人的担心和朋友的质疑犹如一块块巨石，挡在我前行的路上。可是一旦信念坚定如磐石，那就不怕任何困难挫折。19岁的我固执又倔强，我向往军营的锤炼与摔打，憧憬军人的坚毅与刚强，更想成为一名真正的铁血男儿报效疆场！经过了无数次的长谈与沟通，我对军人梦的不懈坚持终于得到了父母的支持与理解。

9月11日出发那天，母亲不远千里来到学校为我送行。坐在出发的大巴上，我透过车窗看到她泛红的眼里盈满了泪，我的情绪在那一瞬间突然崩溃，我别过头去再不忍心看她一眼。我告诉自己："可一定要争口气，不能让他们失望啊！"

傍晚时分，我到达了地处山西的武警187师。下车后，"听党指挥、能打胜仗、作风优良"12个大字和闪亮的国徽映入我的眼帘，落日的余晖洒在

训练场上的一排排单杠上，形成长长的影子。放眼望去，入目是空旷的跑道、沙地和远处的一幢幢营房，一切都是那么平平淡淡，却又充满着未知。我的两年军旅时光就此拉开序幕。

"那个兵是清华生"：成也光环，败也光环

入伍之前，退役的学长们就告诉我："在部队，既要记住自己是清华人，又要忘记自己是清华人。"对于部队来说，"清华人"是一个与众不同的标签，无论是抱着敬佩还是看笑话的心态，部队里的官兵都觉得清华人应该什么都会、什么都能拿得出手。这个标签曾带给我巨大的压力，但在更多时候，则成为了我严于律己、追求卓越的动力。

都说"服役两年，苦在新兵连"。在新兵连，我每天都要重复进行叠被子、打扫卫生、站军姿、排队列、锻炼体能等训练内容。被子叠得像坦克、像面包？要么厕所垃圾桶里见，要么被人从三楼扔下去，然后10秒钟下去抱回来。但我在进入新兵连的第二天就把被子里外叠反，因此被副班长嘲笑了两年；被叫名字时条件反射回答"怎么了班长"？那就把"到"这个字抄上1万遍；熄灯后别的战友锻炼俯卧撑自己不用锻炼？班长说："上肢力量还行就练下肢，去一边深蹲，什么时候衣服湿透再来找我！"于是一连一个星期，我每晚都要做1500次深蹲，第二天起来两腿酸痛发胀，也依然要练队列站军姿。

在新兵营接近尾声的时候，我被派去给全新兵营授课，题目是《从清华园到大功团的青春印记》。在课上，我分享了自己的参军感悟，希望以此激励新兵们奋发进取。从那以后，几乎全团的人都知道了——新兵十四连有个从清华来的兵。都说"人怕出名猪怕壮"，一项任务做得好，周围人会给予肯定："不愧是清华来的！"一旦没做好，质疑声也会随之而来："亏你还是清华的学生！"

带我的教导员有一个说法："进了三营的门，就是三营的人；出了三营的门，带着三营的魂。"我想套在我的身上，也可以是"进了清华的门，就是清华人；出了清华的门，带着清华的魂"。清华对于我来说，意味着一份责任。在部队，我做成什么样，别人眼里的清华就是什么样。因此，在结束新兵营

训练后，我没有松懈下来，反而以更加严格的标准要求自己。在部队里，无论是跑步、器械，还是战术训练、队列军姿，或者是武装越野、400米障碍，在对待任何一个项目时，我都会告诉自己："要暗自争口气，不仅是为自己争气，更是为清华争气！"最终体能考核时，3公里跑步我能跑进11分钟，器械考核我是全连第一个能从一练习做到六练习的列兵；每次有首长来视察时，因为我军姿站得挺拔，连里都派我站"迎检岗"；被大队推荐参加支队优秀"四会"政治教员评比时，我荣获了"支队十佳四会政治教员"称号。作为全支队唯一一个特批义务兵入党（因为按照规定，当年发展的预备党员不得退伍），当我在太原牛驼寨烈士陵园向庄严的党旗进行入党宣誓时，我想，我真的没有给清华丢脸！

两年的军旅生涯已过，再回首，我才真的明白学长当年的话是什么意思：忘记，是为了放下清华人身份的闪耀，向身边的战友、班长虚心请教和学习；牢记，则是为了保持清华人的高标准、严要求，不沉沦，不在日复一日的枯燥训练中被磨平棱角、忘记初心。

"像砖一样的革命战士"：服从指挥，承担责任

在新兵连，最重要的是"服从命令，听从指挥"。军人，意味着忠诚与服从、奉献与牺牲，意味着他人犯的错你可能要一起受罚，意味着受了不公待遇只能把委屈咽进肚，意味着你有道理可讲却没有发言权。

有些人觉得队列训练枯燥，可是没有认真的训练，哪里来的队列动作整齐划一，又哪里来的过硬作风和严明纪律？还有人觉得站岗无聊，没必要站得板板正正，但如果战士平时就稀里糊涂，又怎能保证战时的高度警惕？如果对哨位承载的职责都没有正确理性的认知，又怎能扛起未来生命里的种种责任？武警的必训科目之一"处突队形"，需要我们反复敲击盾牌、一遍遍大声喊出"人民武警，热爱人民，人民武警，依法执勤"，好些战友难以忍受这种单调乏味的训练。但我想到，在真正执行处突维稳任务时，面对穷凶极恶的暴恐分子，如果没有过硬的素质和密切协同配合，我们不可能承受得了

暴徒的暴力冲击；没有经过扎实的历练，我们难以成为一名合格的战士，难以让祖国和人民放心。只有在平凡的岗位上锤炼自我，才能在祖国和人民需要的关键时刻挺身而出。

在部队，最重要的是"革命战士是块砖，哪里需要往哪搬"。在部队里，我们无法选择自己的岗位分工，只能服从组织安排，竭尽全力将本职工作做到最好，在平凡岗位上挥洒汗水，扛起自己的责任与担当。

2018年8月，当我接到支队宣传科的借调通知，让我参加支队史料的整理编修工作时，我陷入了纠结：我来到部队就是要在基层摔打和磨炼自己，怎能放弃和战友们同甘共苦而去悠闲的机关待着？但这时脑海里有个声音告诉我，个人的理想抱负必须融入集体的发展中才有价值，上级安排任务下来是对我的信任和认可，我又怎能辜负？考虑自身太多、不顾全大局又哪像是军人所为？于是，我坚定地服从组织安排，开始了为期两个月的史料编修工作。事实上，在机关的生活也并不悠闲，除了在日常工作时间要编修史料外，还需要为科长、主任打扫办公室，有时还会临时接到任务熬夜写发言稿，相当于半个"通讯员"。除此之外，我坚持严格自律，因为担心回到连队体能跟不上，我每一天都没把体能锻炼落下，一天一趟5公里，每逢周末10公里都成了家常便饭。一个多月下来，我的5公里成绩居然有了新的突破：跑进了19分半！回到原单位后，我又先后担任大队文书、中队文书。我对待工作一丝不苟、精益求精的态度和精神得到了上级的一致认可，一次次的追求卓越、高标准完成任务也让我养成了不将就、不敷衍的良好作风。

我渐渐地明白，无论在哪里，身处怎样平凡的岗位，只要脚踏实地、用扎扎实实的努力和细致严谨的态度扛起责任与担当，就能摆脱平庸的窠臼，绽放耀眼的光芒。

"七尺之躯已许国"：参军为报国，此心永不改

刚入伍的时候，连队统计参军入伍动机，当听到"为了保卫国家的举手"时，我立马把右手高高举起，令人尴尬的是，随我一同举起手的却只有寥寥

数人。或许在很多人看来，学生当兵无非是为了享受优厚的政策优待或者考研时的加分，可我立志保卫国家，没有丝毫动摇。

大一初到清华，我曾了解过一段清华校史。清华人的家国情怀代代传承，从梁启超在同方部发表演讲"清华学子，荟中西之鸿儒，集四方之俊秀……改良我社会，促进我政治"阐述君子情怀，到抗日战争全面爆发后清华人放下笔杆拿起枪杆，与蹂躏祖国大地的铁蹄决一死战。他们勇于献身的爱国情怀让我永远敬仰。"参军不掺杂个人私念只为报国"或许不会令人相信，但我始终认为：不必想那么多对与错，小事才有对错，大事只论取舍，而"保家卫国"这四字的分量，是不能随意衡量的！

在两年军旅这段说长不长、说短不短的征程上，有多少精彩丰富，就会有多少挫折坎坷；有多少兴奋喜悦，就会有多少委屈辛酸。如果当初没有选择参军，可能我一辈子也不会吃这些苦、受这些罪；可如果没有选择参军，我也不会有这么多难以忘怀的宝贵经历，更不会被磨炼出雷厉风行的作风和遇到任何困难都不退缩的勇气。不论时光怎样流转，这些记忆都会被牢牢印在我的脑海里，骨子里的坚强和刚毅，也会深深刻在我的生命中。电影《建党伟业》中蔡锷那句"奈何七尺之躯已许国，再难许卿"听得让人热泪盈眶，因为对于军人来说就是这样，要为祖国守卫钢铁长城，牺牲是必然的，却也是无悔的！

如今回到阔别两年的清华园，我知道在园子里的日子还很长，足够我去奋发进取，去追求更高的理想，而我将带着军人的坚毅和刚强，继续为报国而努力。如果再次被问到"为什么参军"，我还是会无比坚定地回答："参军为报国，此心永不改！"

请回答 通信兵的岁月

个/人/简/介

师学胜,男,汉族,共青团员,1995年3月出生,甘肃临洮人。2014年考入清华大学法学院,2017年9月入伍,服役于中国人民解放军联勤保障部队,2019年9月退伍。服役期间表现优秀,被评为"优秀义务兵"兼获嘉奖一次、团季度军事训练标兵一次,曾获郑州联勤保障中心"百名联勤能手"无线报务专业比武团体第三名。2020年进入清华大学法学院攻读硕士学位。

漫卷书生气，何不染军魂。两年的军旅生涯，是我嘴角上扬的青春。

——师学胜

成为自己的"唯一"

"在清华，当你成为不了'第一'的时候，可以选择成为'唯一'"。遗憾的是，直到目前，我既没能成就"第一"，也不敢妄言"唯一"——但这句话一直启发着我：在清华，你只要找到适合自己的道路，就能变成自己想要的模样。

清华为每个学生的自由发展提供了无限可能，更重要的是，这种无限可能还会与更广阔的世界产生联系。我始终认为在追求实现个人价值的同时，为他人、社会和国家作出贡献更是一件幸福、可贵之事。所以，我选择了一条喜欢的路，做了自己认为正确的事——2017年9月，我如愿参军。

给战友当"妈"

我们这批新兵赶上了所属部队第一批新训改革，这意味着我们需要在两个半月内统一完成共同军事科目和基础体能训练，部队再根据新兵所选专业分开培训，结业后各自分兵下连。随着开训大会闭幕，新兵连的生活便正式拉开了帷幕。

如果把新兵连的生活比作一首协奏曲，那主旋律就是军事训练加政治教育——简单而直接，枯燥且纯粹，但每一步的艰辛和磨砺都是无法抹去的刻骨铭心。不仅有训练场上挥汗洒泪、同甘共苦的拼搏，还有白开水一般的平淡里穿插的肤浅幼稚"小把戏"。至今，新兵连还承载着太多令我难忘的军旅记忆。

说起新兵连的生活，不得不提我给战友当"妈"的故事。我们排有位战友不服管教，令他们的班长头疼无比，被调换到了我们班。作为思想骨干的我向班长主动请缨，把他归到自己负责的"三帮一带"小组。

其实这位小战友并非一无是处：长相帅气、身体素质出众，乒乓球水平曾达到省级专业运动员级别，可以说他完全符合走"偶像练习生"的路线。只是橘生于淮南则为橘，生于淮北则为枳，他到了部队，还真走起了自以为"偶像"的路线：没有集体观念、缺乏生活自理常识、贪图玩乐不分场合、屡犯屡教，屡教屡犯……再加上他年纪小，文化程度低，思想单纯却又叛逆执拗，简直是既打不得骂不得，又讲不进去道理。你完全不知道下一秒他能给你制造出怎样的"惊喜"。

为了成功地改造他，我可是费了一番功夫。娇生惯养、自理能力差？我手把手教他从洗袜子、内裤做起；荣誉感低、集体观念淡薄？我陪他一起罚站、挨批，上厕所按分秒计时；内务卫生乱、纪律性差？我每天早上叫他起床，监督叠被子整内务，晚上熄灯前再催洗漱哄上床；队列里不规矩，小动作多？我一次次走在他后面提醒监督；经常犯错不长记性？我给他拿一张纸、一支笔，看着他把自己做错的事情一条一条写下来、装兜里，让他每天吃饭、睡觉前拿出来读一读背一背……

就这样，小战友在我给他"私人定制"的"成长套餐"里一天天适应了部队的集体生活，渐渐地有了真正的军人模样。后来，有天晚上大家睡不着夜聊，我感慨道自己每天活得跟小战友的亲妈一样。对方二话不说，马上对着我喊了一声"妈"，其他战友听了笑得前仰后合。下连后，他也成了班里唯一一个和我分到同一个单位的战友，我们的战友情贯穿了彼此军旅生涯的始终。

离别前的狂欢

中秋国庆双节临近，新兵营准备策划一场文艺演出。战友们有的来自北京电影学院、中国戏曲学院等专业院校，有的入伍之前便接受过相关训练，再加上大礼堂的灯光、音响等设备都是一流配置，这场文艺演出、军营盛典承载着大家极高的期待。

为了班里能有节目上，给连队露脸争光，我硬着头皮接下了一个相声节目的策划筹备任务。除了捧哏的战友小时候表演过一次儿童相声，剩下的全是未知和迷茫。经历了漫长而煎熬的准备和一波三折的初审后，我们班的作品成为唯一一个能够参加正式演出的语言类节目。

演出当天气氛空前热烈，战友们手中的荧光棒在声浪中此起彼伏，入伍以来的第一次集体狂欢即将来临。然而幕后的我一点也轻松不起来：逗哏的战友喜欢即兴发挥，临场状态完全是个未知数；捧哏的那位找不到大小合适的皮鞋，最终硬是脚后跟露在外面，趿拉着鞋上了舞台。

终归是天道酬勤，得益于平时的辛苦排练与大家的临场发挥，节目产生了意想不到的惊喜效果，台下战友们的反响十分热烈。指导员激动得冲到幕后向我们祝贺，彼时我们早已和后台的战友们呐喊欢庆，融成了一片欢乐的海洋。

台上演员尽情施展才华，台下观众酣畅地释放情感，空气中混杂着战友们中秋离家的思乡情，也萌发出融入部队大家庭的温暖感触。不论是昨天训练场上的苦，还是当下欢畅共聚的甜，都深深地留在了大家的记忆里。一个月后，我们将各自下连，有的人可能终其一生再难相见……

新兵营，是每一个当过兵的人永远无法抹去的回忆。也许它饱含了艰辛、委屈、苦涩，甚至屈辱，但回望时间深处，我却能清晰地看到军营里最初的成长——以一种或美丽，或残酷的方式。

"当兵就干这个？"

告别新兵营，几个小时的车程便到了复训单位。我选择的是通信类无线报务专业，简单说，就是"搞电台"的通信兵。报务专业技术性和专业性很强，训练周期长，淘汰率高，培养一个专业初级报务员以往需要9个月的时间，然而今年上级规定的时间是5个月（后来延期1个月）结业分配。时间上的大幅压缩带来的是训练强度的无条件加大，既无现有蓝本参考，又没有以往经验借鉴，集训队只好一边摸索总结，一边玩命训练。

每天上午8点至12点，下午2点至5点，晚上7点半至10点半，除部队的一日生活制度和体能时间外，我们基本实现了不间断训练。每天坐在教室里戴着耳机，不停地抄报、敲电子键。

这段日子枯燥而漫长，只有日复一日的训练加考核。"训练室—宿舍—

食堂"三点一线的生活里，战友们的激情被消耗着。大家拿扫把的时间比拿枪的时间长，坐着的时间比站着的时间多，每天过着比新兵连还要单一重复的生活。最开心的事是能在训练时间抢着临时出个公差，以求暂时逃脱一会儿无休止的抄报。是啊，能顶得住训练场上每天摸爬滚打的人不少，可又有几个人受得了天天坐在教室一动不动地抄码收报？日子久了，难免揣测着其他战友是不是选择了"更好"的专业。再久点，这种疑惑就上升到了"为什么来当兵""当兵就干这个"的层面。时间更久一些，当跨过了那道煎熬和浮躁的门槛，从内心和身体百般受虐到能"沉下心""稳住神""坐得住"，我们才逐渐登堂入室，真正进入报务员的角色世界，完成从门外汉到合格报务员的涅槃。

我也因此对入伍的初心和军人的奉献有了更深刻的认识——既然作出了选择，就要勇于担当；既然穿上了军装，就要担得起这份荣誉。不同的专业、不同的岗位都需要有人去坚守、去尽责。哪怕岗位平凡无奇，对一名真正的军人来说，只要自己被需要，就要扛起来、走下去。不论自己最终想要达成什么样的目标、成为一个什么样的人，在部队里，你首先得成为一名真正的军人。

跑来跑去的下连生活

复训 5 个月，延期 1 个月，加上新兵连近 3 个月，我的"新兵生涯"加起来竟长达 9 个月。2018 年 5 月 30 日，我终于开始了下连的生活，被分配到郑州通信站，成为一名报务员。

除了日常值班执勤外，我曾和战友 4 个人 3 班倒 24 小时不间断上机工作，在 3 尺机台上连续奋战了 9 天 9 夜；曾在酷暑下晒了半个多月架天线、调装备，展示通信装备器材和战备物资，保障机关拉动演练；曾在寒冬里被拉出去在训练场上连续训练一个多月备战比武竞赛。

此外，我还担任了连队新闻报道员，撰写各种工作、宣传和汇报材料。

一开始我并不擅长撰写文字材料的工作，部队公文材料自有其内容和格式规范，有些思想高度仅凭一个义务兵的眼界和思路也很难达到。要想写出让人眼前一亮又符合军队话语体系与风格的文章，只能不断尝试。功夫不负有心人，一年不到的时间里，我参与文字审校的《郑州联勤保障中心安全工作三十六防范漫画本》印发中心下属所有单位、十几篇新闻稿发表在了中心党委机关网上、我的名字也有幸出现在《解放军报》2019年5月1日刊发的《把最好的青春献给祖国和人民》一文中，这些也是对我担任新闻报道员的最佳鼓励与嘉奖。

2019年3月，接上级通知，我们团将作为中心试点单位组织开展士兵"一专多能"强化训练。任务需要，我收拾好行囊，奔赴济南营区参加训练；5月中旬，刚刚适应了济南营区的工作和生活后，任务需要，离开营区前往新郑；6月初，任务需要，返回原单位；7月末，任务需要，外出执行任务；8月底，临近退伍，返回原单位……

下连以来，我赶上了所在部队和单位调整改革的当口，几乎参与了所有的外出任务。常常是前一秒还傻傻地什么都不知道，下一秒就接到通知要马上离开单位去执行任务。不存在选择去不去，也不存在申请去哪里、留哪里。在不同的单位、不同的岗位、不同的任务里，我不断地调整自己的心态，有幸经历了不同的生活，认识了不同的战友，体验了更真实深入的部队生活和军人世界。这些经历无时无刻不在检验着我的军人成色，提醒我军人的底色，让我坚守军人的本色。

三 种 身 份

退伍返校，建国70周年阅兵当天，我一早守在电脑屏幕前等待实况直播。

分列式开始，联勤保障部队方队出场。领队正是我们中心的少将政委，第一排有两位我们单位的初级士官，一位我新兵连的三期老班长。我顿感亲切、温暖，内心那份曾为军人的荣誉感和使命感瞬间被点燃。

当由清华师生组成的"伟大复兴"方阵走过天安门广场时，屏幕前的我也因自己清华人的身份而深感光荣与激动。

集中国人、军人、清华人这三种身份于一身，这段军旅生涯值得我一生铭记！

平凡中的坚守

个/人/简/介

周位鑫，男，汉族，中共党员，1994年9月出生，河南鹤壁人。2013年考入清华大学工程物理系，2017年9月入伍，服役于中部战区陆军某部队，2019年9月退伍。服役期间被评为"优秀义务兵"。本科期间获得"好读书奖学金""轩辕奖学金""国家励学金"等荣誉，2019年进入工程物理系攻读硕士学位。

共同的事业，共同的斗争，可以使人们产生忍受一切的力量。

——周位鑫

"不想错过"

大三寒假的时候，我第一次萌生了想要入伍的想法。那时我突然很喜欢看一些和工科专业无关的"闲书"，读完就和三两好友凑在一起畅快讨论。这些"闲书"大多是早期党史类的书籍，读起来颇有感觉，其中《苦难辉煌》是我最喜欢的一本。每每读到与红军相关的内容，我都被其中的曲折情节所震撼，为红军战士的大无畏精神所感动。正是在一页页前辈筚路蓝缕开创革命事业的叙述中，我心中悄然萌发了入伍参军的种子，想着总有一日，自己要亲身体验书中描述的军旅生活，在自己的人生中经历一番艰苦卓绝又毕生难忘的光辉岁月。

2016年秋季征兵季，我因为种种原因错过了报名时机，便暂时放下了这个想法。到了2017年毕业前夕，征兵宣传又一次扑面而来，我仍旧无法割舍自己心中的憧憬与念想，就去听了一场征兵宣讲会。宣讲会上老兵们与众不同的气质和言谈举止，让我对绿色军营更加充满向往。在那个毕业季，我原本应与大多数人一样，按部就班地投简历、找工作。但憧憬与梦想的气息近在眼前，我曾了解过的每一个军旅故事，此刻都汇聚成一封来自军营的邀请函直抵内心。

我对自己说，这次错过，以后就再也没有机会穿上军装亲身感受书中的红色精神了。最终，我决定投身军营，这是我人生中最重要的决定之一，为我开启了生命的另一种可能。

太多个"第一次"

新兵训练持续了3个月，这3个月包含了太多人生的"第一次"，每一次细小经历都在我的脑海中留下了深刻印象，许多场景和画面至今仍历历在目。

初到新兵连，我的心态还没能适应身份的转换，连去趟小卖部都觉得无比新鲜刺激。在营区高强度早起训练的生活时常使人感到浑身疲惫，但又有种一事无成的茫然不安，每到这时我就会十分怀念悠闲快乐的校园生活，也十分渴望从这样日复一日重复的常规训练中暂时逃离，稍微散散心。还记得新兵们第一次集体打靶前，需要有人去弹药库取枪，大家都想坐一次军用大卡车，亲手碰一下真枪，于是都争着抢着去——对于那时的我们，军营里未曾接触到的一切都是新鲜的。

我人生的很多记录都是在新兵连创造的：最早的一次入睡、吃得最快的一餐饭、时间最久的一次持续站立、最紧张严苛的一次考核……考核的紧张感是当时从未体验过的。新兵训练的结业考核由战区陆军负责抽考，那种接受真正军人检阅或点评的隆重感受，还有前所未有的紧张感，我们在之前的人生中从未想象过。

3个月训练的最后几天，我有幸前往参观训练基地的车场。由于日常的训练并不会涉及车辆，所以那是我第一次见到真正的、大规模的步战车。带我去的老班长告诉我，我军现在还有很多老式装备，因此提高全军的文化水平与知识技能储备十分重要，一方面是为了促进装备的更新换代，另一方面也是为了新式装备的大规模落地推广。他说，"没有新式武器列装部队，就很难保证战斗力。但有了新式装备，还要学会怎么用"。这次参观给作为工科生的我带来了很大触动，不由得萌发了想用自己双手去参与改变现状、推动进步的念头。

苦中有乐的平凡日子

3个月的新训结束，新兵们就要被安排下连，分赴不同的一线岗位。在下连之前，我并不知道自己要去往什么单位、从事何种内容的工作，只是由着奔驰的高铁把我和战友们送到了西安。

在强手如云的清华待了4年，我早已习惯了做人群中的普通人。然而从我到部队的第一天起，清华带给我的光环把我一下子放到了人群中央，这让我很不适应。在军营里被众人注视并不是一件易事，因为在努力做得拔尖的同时，更要将一名普通士兵的日常任务都事无巨细地完美履行。人们的一般印象是在部队不需要用脑子，只要体力够用、训练时力争上游就行。但只有真正身处军营之中才会发现，做好身边和手头的每一件小事，都要花费很多心思与精力。本以为结束新训能暂时喘口气，可在连队的日子更加紧迫有序——豆腐块被子依旧是每天的标配，连队对战士的时间管理要求更加严格，专业训练十分费脑细胞，而且还增加了每天下午一小时的体能训练，晚上睡前还有强化训练……这就是每天普通的日常，可是要将这些日常全部做好绝非易事。

专业训练对于很多人都会偏难，我也不例外。装备是2015年新列装的，车载设备有厚厚一大摞资料书籍等着研读。我本身是学物理的，当面对涉及化学、电路、通信、生物等学科知识的装备时，时常感到头疼。有些精密的设备有复杂烦琐的操作流程，专业训练涉及的学习内容很多，但连队有一定的封闭性，我能接触到的圈子很小，很难找到人沟通交流，想讨论内容或学新知识基本只能靠外出学习。我学东西快，得到了前往厂家培训的机会，并把学到的经验汇总成文字，教会了班里的其他同志。我觉得这是两年来我在连队里做的最有意义的事。

体能训练对人的折磨或者考验则在体力层面。作为野战部队的老传统，体能训练这一套体系不仅关注战士的总体体能素质，还鼓励各人力争上游、突破自我。营里还有专门的奖励指标，颁发给体能素质优秀的人。我在学生时代的锻炼强度，在进入军营之后才发现离标准还差很远。我的体能在新兵连尚属于不错的，但真正在连队训练时又和老兵们拉开了很大差距。在连队的第一年，我一直对严格的体能训练带有恐惧，不知道自己能不能做到，但还是一天天坚持了下来。记得体能训练最严格、最疯狂的时候，我们每天要完成一次武装5公里训练，这段日子直到我们前往高原驻训需要减少训练量才结束。

晚上的强化训练必不可少，因为除去跑步，体能训练还对我们的上肢力量有很高的要求。我至今仍记得晚上睡觉前做俯卧撑的时候，汗水随着身体的每一次起伏流淌着，训练时间一长，地面都被胸前滴下的汗水打湿了。我能感受到自己的体能一天天在潜移默化地提高，体格也明显更加健壮，但背后的辛苦和咬牙坚持只有真正经历过才知道。训练完以后，我一般会去看书，很多时候看着看着就睡着了。晚上有时候轮到我站岗，本来是很紧张的任务，但身边有默默陪伴并肩奋斗的战友，也在艰苦时光中留下了幸福的记忆。

主动请缨带车——与装甲车的记忆

西安营区有很多装甲车，从到那里的第一天起，我就梦想着自己能在装甲车上坐一回。而我们能够接触装甲车的机会很少，只有每年固定的演训任务来临时，车队才会出动。

部队的车出门都需要有一个带车的人坐在副驾驶座位上提醒驾驶员路况。我也曾跟着出过车，不过基本上都是大卡车类型的，一直没有接触过装甲车。终于在2018年驻训结束返营的时候，我找到了机会。

装甲车是露天的，需要把自己的上半身露在车外，否则视野太小看不到路上的情况。我们返营时已接近12月，天上开始下雪，一路下来很考验人。我知道这可能是我唯一一次能够坐在装甲车上的机会，便主动找到连长，表达了我的诉求。连长同意了我的请求，当晚我整个人都处在极其兴奋的状态中。

返营的早上下起了小雪，车队走高速，我站在车外吹了好几个小时的冷风，整个人几近冻僵。回到营区的时候我摸摸自己的脸，已经没有知觉了，但却开心得难以言表：这样的经历是永生难忘的！

退伍的时候，我还收到了一辆装甲车的模型。装甲车在我的部队生活中留下了不可磨灭的痕迹。

在坚守中不断成长

部队教会了我很多东西，这些经历、经验往往都是在一次次的心酸与苦痛中建立起来的，如凤凰涅槃一般，经历困难方得真知。

平凡中的坚守

我体能不突出，而部队要求在提高，所以很多时候我都在和体能训练作斗争。无论是在西安的日子，还是在野外驻训的时光，唯一不变的就是体能训练。有时候没有场地没有装备，无法进行专业训练，就继续进行体能训练。我们还经常用"体能体能我爱体能"来勉励自己。

还记得一次野外驻训，是在一个小山上搭帐篷。早晚温差很大，我们中午穿短袖，晚上却盖着被子都冷，而每个人只有一条被子，没办法加被子。这里地势高低不平，3公里一圈的跑道看起来起伏不定。对于每个跑过这里跑道的人而言，最恐怖的是中间的一个大坡：明明终点就在眼前，却要翻过眼前这座小山。不知道有多少次我都想放弃了，路上我也见到了很多在走的战友。胸闷、喘不上气、肺难受、腿酸……都在阻止我们前进。但我没有停止，并不断鼓励自己：既然选择穿上了这身衣服，就要努力做好每一件事。过程总是很艰辛的，但结果总会好，到年终考核的时候，跑步这一项我已经达到优秀水平了。

生活里没有容易的事情，所有事情都需要我们的坚守，不断前进，永不放弃。

我这两年，和其他从军的人一样，没有什么特别闪光的地方。但从我跨进营区的那一刻起，我就知道，这将会是我人生中永远的印记。生命里因为有了迷彩绿，才更加完整。"不当兵会后悔一辈子"，我从未觉得我浪费了两年青春，因为在军营的这两年是我人生中最珍贵的财富。

两年军旅,一生无悔

个/人/简/介

周作勇,男,汉族,中共党员,1995年出生,甘肃会宁人。2014年8月考入清华大学环境学院,2017年9月入伍,服役于陆军某部队,2019年9月退伍。服役期间刻苦训练,成绩良好,连续两年被评为"优秀义务兵",完成便携式地空导弹实弹射击任务(一枚),投稿军事学术一篇,为全旅官兵交流授课一次。曾任环41班长、环四党支部组织委员、校TMS总会主管实践部副会长和屋顶农场协会会长,被评为环境学院优秀毕业生,2019年攻读本院硕士学位。

> 前 20 年用来成长,后 30 年用来静养,留给我们遨游天地的时间还有多少?
>
> ——周作勇

一、参军,西藏:艰难抉择

第一次生出当兵的念头,是在看到某年的征兵海报时。小小的心动自此难以遏制地发展,终于成为不可控制的冲动。"不能在冲动的时候作出选择",我不断地告诫自己,于是我用了两年时间来考虑是否当兵。在此期间,我询问了很多人,因此得到了不同的答案。然而,我最终发现:所有否定的或者是曲线的答案,都被我一次又一次地从心底推翻。其实,所有的咨询都只是在求证自己内心的想法,当兵是我从未改变的执念。

义务兵制度是中国最根本的兵役制度,当兵是为国尽义务。然而当前面加上了"清华大学"这 4 个字的时候,它就变成了一件值得深思熟虑的事情,成为一个艰难的选择。两年啊,青春的时光经得住多少个两年的消磨?两年啊,也许就洒在了祖国的大江南北,抛在了祖国的边疆海岛,值,还是不值?我无数次寻找内心深处的声音。终于,我发现"方程的两边并不是同等的数值类型",这是一个无解的问题。夜深人静、辗转难眠之际,我仿佛看见了父母沧桑皱褶的脸,看到了父辈们在风沙肆虐、沟壑纵横的黄土高原上艰辛生活;也似乎看到了老师期望而鼓励的眼光,看到了同窗百舸争流、万帆竞发的潮流;然而我更看到了边疆弥漫的硝烟,看到了边境线上的纷乱与争端。何去何从?其实答案早已在心中落地生根。

当然,将参军入伍这个决定告知父母又是一个艰难的决定。寒窗 15 年,一朝从军去,留下年近花甲的父母,这一走,该会给父母带来多少担忧!

2017 年 8 月,经过长期的酝酿和激烈的思想斗争之后,"洞朗对峙事件"逐渐平静,但余波仍在。恰在此时,我选择到西藏服役,因为我渴望着热血生活,渴望着建功立业。但这对父母来说,又是怎样的感受?前往部队之时,我告诉他们自己去的是云南,没敢告诉他们是西藏。即便我后来在夏天的驻训场地（海拔 4600m）几乎冻死，即便春节期间发烧感冒一两周都不见好转、甚至有肺水肿的危险，即便在距离边境十几公里之处默默驻守，我总是告诉父母，自己一切都好。直到退伍后，父母才知道我去的是西藏前线。他们摸着我开裂粗糙的手，无言泪下。

二、学生，军人：磨炼才是生命的滋养

金秋九月，初到军营，邂逅山城重庆。我们的新兵训练基地是西藏军区首次在内地开展新训任务的承办单位。基地原为某部队驻地，建设于20世纪八九十年代，楼板有裂缝，给人一种随时都会倒塌的感觉。我们就住在这个基地，小小的宿舍里挤满了10个人。这里没有空调，仅有1台布满灰尘的破旧电风扇，看上去就像20年前。我们一个班有十六七个人，比普通的加强班人数还多。全营900多人挤在一个食堂开饭，往往是第一个打饭的人吃完走了，后面还有人没有打到饭，同时，洗餐盘的水龙头只有8个，大家拥挤的时候也往往会产生一些小摩擦。

基地政委说："基础设施烂，这我没得说。但是，这并不代表我们练不了精兵，黄埔军校的基础设施有我们现在的好吗？没有，什么都比不上。他们成功的重点是有教员——负责的教员；有士兵——优秀的士兵；有方法——科学的方法。我有信心培养一支虎狼之师，你们呢？有没有信心？"我依稀记得那天基地飘荡着年轻血性的吼叫："有！有！有！"

新兵生活就这样开始了。

听说单位来了两个清华学生，很多人跑来看清华学生长什么样，训练中更是紧盯着清华学生，想看看清华学生出洋相。蓦然间我意识到，在这里我不仅代表自己，更代表着清华大学。"清华大学"这4个字，在学校时我会随便写到个人材料上。但走出校园，我却开始小心翼翼，不肯轻易使用"清华大学"这4个字，生怕自己不够优秀出众，担心给清华丢脸。

恍惚间，两年时光如白驹过隙，一闪而过。我变了，也没变。

两年间，我每天早晨提前一个小时起床，背着负重背心加练，变化是显

著的：3公里、5公里从队尾跑到了前列，体重从开始的150多斤减到了120多斤；队列动作逐渐走得有模有样，标准划一；步枪射击，从最初的不及格乃至于"光头"（5发零环，部队最引以为耻的事之一）到10发96环；导弹专业（便携式）训练刚开始时，肩膀疼痛难忍、动作变形，仅几个月后，我便以优秀的训练成绩完成了地空导弹的实弹射击，导弹连三大喜事"立功、入党、打实弹"，我便赶上了两件（因为在学校已经入党）；新兵连初登演讲台，我用粗糙的普通话（甘肃口音很重）紧张地述说我的强军梦，但我离队之后，可以站在全旅官兵面前，自信而详细地讲述我的成长故事。

两年，我也没变。人生对我来说就是一场进化论——利用各种各样的环境来磨掉一切缺点，控制个人欲望，最终使自己进化。慎终如始，初心不改，在嘈杂的环境中，我始终坚守这一方净土。

两年时光，三省七地，一首《故乡啊，洞朗》唱出了我们的心声；长途机动，大漠练兵，远处的雪山见证了我们的成长！

离队的时候，我哭了。原本以为自己很坚强，能忍住离别的悲伤。但当我送别两年来朝夕相处的一个个兄弟时，竟泣不成声。这里，不仅仅有我两年的时光，还有情谊和生死，热血与梦想。天色黯淡，我模糊的双眼只能看到营房前的大槐树，它经过了多少个春秋，送走了多少届老兵，它迎来了我们，却又送走了我们！

跳出舒适区，才能野蛮成长，磨炼是对生命最好的滋养。

三、军营，文学：阅读似久旱中的甘霖

在部队的日子，精彩的时光只有10%，其中一半是喜一半是愁，剩下的90%，化作了平淡：早起、跑步、打扫卫生、叠被子、收拾内务、操课、学习、看新闻联播、睡觉。在边境的日子，更是枯燥：几百人住在一个小小的营区内，手机管控异常严格，有时一个月也摸不到手机。在此情况下，阅读给了我莫大的快乐。

我曾在《红楼梦》中看到了世家大族的兴衰荣辱，看到了小儿女的缠绵

悱恻，也体会到曹雪芹的泪水与心血；我曾在《三体》中经历了最真实的科幻，感受到最硬核的爱情；我曾在《四世同堂》中看到了国之孱弱时的国人境遇，也看到了老舍先生的嬉笑怒骂；我曾在《金瓯缺》中看到了古代军人的真实生活与理想抱负，体会到了"国之不存、家何安在"的悲痛；我曾在《京华烟云》中看到了惊艳的女性美，也曾在《苏东坡传》中看到悲壮的人性美；我曾在《悲惨世界》中见过人世间最悲惨之事，也在《解忧杂货店》中见过一夜百年的人间真情；我曾在《小王子》的故事中怅然若失，也曾在《活着》中感受生活的不易；我曾在《看见》中感受到新闻的力量，也曾在《激荡三十年》中看到了经济的浪潮；我曾细细探求过三毛的别样风情，也曾默默体悟到巴金的深深忏悔；我曾在《亮剑》中看到军人的风骨，也曾在《血色浪漫》中找寻青春热血的印记；我曾经初探过《尤利西斯》，也曾经钻研过《资本论》……

部队的生活仿佛是装着石头的瓶子，"石头"是我最初来到部队最核心的追求——学会一门打仗的技术，有战时我可战；剩下的空隙，可以填充许多的水，而阅读就是我瓶子中的"水"。我用两年时光的空隙，装满了132本文学著作。超越时空，与古今中外的文学大师对话，这让我内心无比充实。

在合适的年龄遇到合适的书，是我最大的幸运。往后余生，阅读的习惯仍将陪伴我，让我最终在书中读到自己，把自己写进书中。愿我阅读到人生的尽头！

四、家国，担当：不可推卸的责任

无论是在部队，还是在学校，都有人不断地问我："你为什么要当兵？"

是的，对很多人来说，清华大学的学生当兵，确实有点"想不通"。但是，我认为这个问题应该反过来问——"你为什么不去当兵？"

生活哪有什么岁月静好，只是有人在为你负重前行。冷眼旁观，美国、俄罗斯等大国经常发生恐怖袭击等恶性事件，斗争不断；反观中国，却是一片祥和，国泰民安。我想，其背后必定有无数默默奉献的人，尤其是军人。

我认为，确立义务兵制度，是国家居安思危的举措，是人民安全的基石。回想 20 世纪那段波澜壮阔的历史——卢沟桥事变后，日本扬言 3 个月内灭亡全中国，然而这场仗却打了 8 年。为什么军阀割据、混战不断的中国能胜利呢？我认为其原因在于：国难当头，全中国的人都会联合起来。正所谓"兄弟阋于墙，外御其侮"。

当今中国，一旦爆发战争，打仗的绝不仅仅是 200 万军人，还有 6000 多万的退役军人，以及 14 亿的中国人民。全民皆战，岂有败亡之理？

张召忠说：格局是一种态度，是一辈子的追求，是一生的坚守。很多东西可以道听途说，但更深层次的东西需要亲历。格局取决于你走得有多远，视野有多大。清华人，岂能将自己的胸怀限于一人一家？我仍然记得在清华大学上的第一堂课是史宗恺老师讲的家国天下情怀。未有国，焉有家？心中无国，又怎能立家？生逢伟大的时代，是我们所有人的幸运；建设伟大的事业，是我们所有人的责任。

从一个学生转变为一个普通的士兵，这体现出了担当。当我走进军营时，我还在为我的能力感到担忧；当我走出军营时，我已经足够自信可以担当一个清华人的责任。

此后，不论我的身份角色发生什么样的转变，我也将永远不忘初心，担当责任。只因为，我曾是清华园里的一名老兵！

我是军营中的一株小草

个/人/简/介

刘恭言，男，汉族，共青团员，1998年9月出生，四川绵阳人。2016年考入清华大学航天航空学院，2018年9月入伍，服役于中国人民解放军战略支援部队某旅，2020年9月退役。服役期间表现优异，先后担任某型装备操作员、营士兵参谋、旅工程部助理等职务，被评为"四有"优秀士兵、被表彰为"优秀义务兵""优秀共青团员""抗疫先进个人"。

我是军营中的一株小草

人生壮丽，始于脚踏实地；向往非凡，不如献身平凡。

—— 刘恭言

2016年8月，懵懂的我怀揣着梦想踏入清华园，军训期间全校组织了一次集体祭扫。站在清华英烈纪念碑前，65名烈士的名字深深烙在了我的心里，成为我的榜样。2018年5月，学堂路上横幅鲜红醒目，"携笔从戎，无上光荣"唤醒了我尘封的梦想，慎重考虑之后，我决意报名参军。同年9月，在经历了层层筛选后，我如愿踏上了开赴军营的火车，开启了为期两年的军旅生涯。

初恋军营

火车从北京站缓缓向东驶去，在火车上我一半不舍、一半期待，虽然已提前做好了思想准备，但真到动身之时还是感觉有点如梦似幻。就在一天前，我还是清华大学六字班3000大二学生中的一员，而今天我已经成为中国人民解放军250万分之一。我坚信我做出了一个正确的、有意义的选择。早在2015年清华大学领军计划面试时，我就立誓要将此生投入到一切有益于国家、有益于人民的事业中去，如今参军入伍，也正是入校以来对自己初心最为直接的践行。

营区在偏远的郊外，但打理得干净整洁，红瓦白墙的营房依山而建，鲜红的国旗在广场中央迎风飘扬。我是第一批到达部队的新兵，班长早已为我们收拾好宿舍，还为我倒上了一杯温水，陌生的军营瞬间亲切起来。我的新兵班长半开玩笑地说，你们这些新兵蛋子只能算是"伪军"，要经历新兵营的洗礼，授衔后才算是真正的中国人民解放军。

我摸了摸光秃秃的领口和胸膛，一心只想尽快戴上那金光闪闪的肩章。

接下来便是日复一日的基础训练，从最基本的队列、体能、刷碗、叠被子、打扫卫生开始。我曾感到困惑，当兵难道不是为打仗吗？什么时候才能学到真正的军事本领?

　　这样的日子持续了一个月,我渐渐找到了答案。在一次日常卫生打扫中,我负责拔草。我发现在营前广场一片片方砖的缝隙中野草竟如此顽强,前一周才连根拔起,第二周它们又冒了头。我这才意识到,新兵训练醉翁之意不在酒,只有先洗净铅华,甘心平凡,才算做好了接受锤炼与升华的准备。

　　9月入伍,10月授衔,佩戴上军衔的那一刻,我明白我已经完成了由一名在校大学生向现役军人的转变。望着前方飘扬的军旗,我下定决心要在这里变成一株永远拔不倒的小草,扎根军营,报效祖国。

我与"钢七营"

　　转眼到了新兵分配下连的时候,同批的战友都很害怕被分到七营。虽远在百里之外,但"钢七营"的名声早已传遍了全旅,因为这个营"硬"——作风硬、标准硬、实力硬。

　　母亲告诉我,革命军人一块砖,哪里需要哪里搬。但我还是婉拒了宣传科的调令,天天在办公室编辑文字材料使我觉得"当了个假兵",随后我被分配至七营,在这里我的军旅生涯正式开篇。

　　原本在新兵营时,我的体能还算不错,下连后却一下成为了末尾,被许多班长"碾压"。我觉得3公里11分出头已经很快了,这里有10分钟选手;单杠我能拉八九个,这里有的班长能拉50个,甚至有兵龄近20年的老士官,上杠能做卷身上、单力臂,按照《军事训练大纲》,已超出满分。更不用提装备理论和业务能力,这些我还一窍不通。

　　人外有人,天外有天,这样的环境使我找到了拼搏的狠劲。我也很快找准了自己的方向。体能不行,就苦练体能;装备不熟,就五加二、白加黑地加紧追赶,很快我便迎头赶上。夏练三伏、冬练三九,我们的驻训两次在7月、一次在11月。夏天在野外,蚊虫肆虐、艳阳暴晒,我们埋头修筑工事、搭设帐篷、架设装备,在最艰苦的第一天,装备的钢板烫得能煎鸡蛋,很多战友轻微中暑吃不下菜,就用水泡着米饭强行灌下肚子;冬天最冷的时候,我们只能把行军床拼成"东北大炕"，把所有的衣物铺在被子上抱团取暖，早上醒来时，装备车上已是白雪一片。

但我们都很乐观，这是一种中国人民解放军独有的、无条件的乐观。建军 90 年来，部队经过了重重考验，强大的集体意志也代代相传。没有任何困难能击倒一名中国军人，也只有这样才有能力保卫祖国。

这些经历让我在之后的工作中能够全身心投入，面临任务，为了以最高标准按时完成，可以不惜一切代价。2019 年年底，我成为连队的侦察尖兵，能熟练掌握营内三型装备的操作使用，精通其技术原理，并能够独立指挥班组成员高效完成装备架设与使用。

《亮剑》中，团长李云龙认为，一支部队的性格往往取决于它的第一任军事主官，七营是在部队编制改革的浪潮中成立的，我们的性格很大程度上也确实受到了营长的影响。

营长是个很干练的中校军官，也是一名拥有钢铁意志的战士。我后来才知道，我被分到七营，正是营长点名要来的。我们是一支技术型部队，相对兵龄的长短，更看重人的能力素质。由于部队转型，干部缩编，我被破格任命为参谋，分管作战训练。这一岗位通常由军官担任，极少情况下会由经验丰富的老士官担任，完全没有想到会交给我一个小小的义务兵。

但既然组织把岗位交给我，我便不能辜负组织的信任。我深知这一工作安排是营长顶着质疑和压力决定的，因为即使是在全军范围内，这也是件稀奇的事。营长问我能不能干好，我坚定地回答："坚决完成任务！"

对于一名军人，永远没有"做不到"或者"完不成"，我们不允许任何任务、任何工作砸在自己手里。

接手岗位以来，我的工作性质便发生了变化，我从一名受训人变成了组训人，身上的责任和担子更重了，加班加点成为日常，每一次野外驻训，从方案拟制到复盘总结，我都需要全程参与，从《军事训练大纲》到四大训练阶段的组训组考，我必须熟记于心。由于身份的原因，我通常只在幕后开展工作。但我十分满足，无名花艳，但看天行健，单凭这一份信任，便是我最大的荣誉和嘉奖。

清华园里的退伍老兵（第二辑）

我的战友们

回首两年，我的称谓发生了有趣的转变。最初战友们都叫我"小清华"，到后来的"恭言"，再到旅首长亲切的一声"小刘"。有一段时间，由于工作需要，首长让我将上等兵的军衔换成中尉军官衔，许多班长还开玩笑地向我敬礼说："哎，恭言提干了，刘参好！"

这样的变化使我发自内心地高兴。刚开始时，许多战友内心深处还对这样一个"顶着光环"的大学生心存隔阂，但后来他们甚至已经忘却了我是一名来自清华大学的大学生士兵。我很感动，这小小的称呼变换，标志着我真正地被战友们接纳，也代表着相对学历，大家更加认可我的为人和能力。

事实上，我们早已融为一体，在我的心中，身边的每个战友都如同亲人一般。他们的努力拼搏、付出奉献，甚至苦难挫折，我都感同身受。在部队，因为他们，我才更加深刻地理解了母校"自强不息、厚德载物"的校训。

小易是一名女兵，在部队，女兵的要求有时比男兵还高。在家里，她是好女儿、好姐姐、好妹妹，在这里，她是无所不能的女战士。我曾亲眼看见她背着沉重的背囊摔在坚硬的马路上，下一秒呐喊着站起身来继续奔跑。她也是父母的掌上明珠，可那一刻，她却背负起了军人的坚强。

龙哥是一米九的大高个，也是我最要好的工作搭档、一名优秀的青年军官，2019年参加国庆阅兵时，作为战略支援部队徒步方阵第一排接受主席检阅，回来时整个人瘦了一圈。三等功的背后，是无数个烈日下的严苛训练和绝不服输的钢铁意志。

盟哥是我的士官长，不到一米七的个子，却撑起了连队的半边天，也是大家心中当之无愧的主心骨。他两上高原，在执行任务时肩膀被帐篷架砸断，手术后不顾医嘱，短短两周后就回到了工作岗位。身为兵王，他常常为战士们顶住压力、解决问题，把年假让给其他战友，自己却好几年没能回家过年。他以最平实的语言和行动，教会我责任和担当。

回首一望，还记得第一次野外驻训结束即将返回营区之际，我不假思索地脱口而出："终于可以回家啦！"那时我才恍然发觉，我早已把这个地方当作了家。

再见，我的家

2016 年我考入清华大学，临行时告诉父母，一朝辞此地，四海遂为家。那时的我，告别故乡，北上求学，决意学成归来扎根任何需要的地方、需要的岗位建设祖国。如今告别部队，我再次和战友们讲，一朝辞此地，四海遂为家。我即将退伍复学，但对我来说，无论将来身处何方，这里永远是我的家。

有未完成的学业，还有未完成的使命。

两年里，我在部队的各个岗位、各个方面接受过各种各样的任务与工作，小到洗碗擦车，大到保障旅首长向将军汇报工作，对我来讲这些工作的性质并没有什么区别。我所做的，无非是踏实完成好组织交给我的每一份工作。一切从最基层干起，在这片充满理想与希望的热土上化作一株小草，干好每一件小事，无愧自己的初心。

新征程的号角已经吹响，愿临行时，清风能带走我的眷恋，也许在水木清华里、在荷塘月色中、在清清校河畔，我还能听见来自军营的呼唤。

"刘恭言！""到！"

我是中国人民解放军军人，我宣誓——

"小清华，开饭了！"

服从中国共产党的领导，全心全意为人民服务——

"熄灯！"

服从命令，忠于职守——

"恭言，冲，冲起来！拼尽全力！"

严守纪律，保守秘密——

"是！坚决完成任务！"

英勇顽强，不怕牺牲——

"若有战，召必回。"

苦练杀敌本领，时刻准备战斗——

"退伍记得常回来看看。"

绝不叛离军队——

"好好学，好好干，国家需要你！"

誓死保卫祖国——
"再见,我的家。"

宣誓人,刘恭言,2020年8月16日,河北廊坊。
敬礼!

山沟里,我守护着"国家宝藏"

个/人/简/介

伍廉荣,男,汉族,中共党员,1995年9月出生,江西赣州人。2014年考入清华大学社会科学学院,2015年9月入伍,服役于中国人民解放军火箭军某基地旅团部队。服役期间,表现突出,荣获"优秀义务兵"一次,并于部队入党。2017年9月退役复学就读于清华大学社会科学学院经济学研究所,2020年9月进入清华大学五道口金融学院攻读硕士学位,在校期间曾获得寒假社会实践之星、国家励志奖学金等,参加国庆70周年群众游行,并担任清华方阵训练教官。

既然选择了远方,便只顾风雨兼程!

——伍廉荣

退役至今已经 3 年,那段在大山里的时光历历在目,却又感觉十分虚幻,仿佛我不曾到过那个地方,那个我守护了两年的山沟沟。

三 个 蜕 变

2015 年 9 月,我在清华园里填写了参军入伍申请表。那时候对于军营的印象更多是来自一系列军旅片,每每说到军营、部队这样的字眼,总有种豪情壮志在胸中。出发前,史宗恺老师给我们送行,讲了一番鼓舞人心的话,当时我坐在椅子上,身体因为激动而紧绷;饯行会上,吕冀蜀和王晓丽老师又是一番叮嘱和鼓舞,以至于我回到宿舍的时候脑子好像还在发胀,对于即将到来的军旅,我的心中有很多期待,也在与自己暗暗较劲。9 月 10 号那一天,我终于穿上军装,登上了开往军旅的列车。

新兵连那 3 个月仿佛一场重生之旅,印象深刻令人难忘,给我带来了值得铭记的三个蜕变。

第一个蜕变是培养了面对艰难困苦的革命乐观主义精神。艰难困苦主要有两方面:一是生存环境;二是训练生活。我的新兵营驻扎在半山腰上,刚到的时候热水供应发生了问题,8 天后才供应上热水,而我们来之前已经 3 天没洗澡,在南方深山湿热的环境中,那 10 多天真是令人难忘。我和其他 9 个同班的新兵战友们还好,多少做了吃苦耐劳的心理准备,但是可怜了我们的新兵班长,在第 10 天的时候终于受不了我们的味道,买来空气清新剂一下子喷了半罐。至于其他的住宿、饮食环境,我就不多加描述,总之 3 个月之后,我竟然产生了一种"从此之后,无论什么样的环境下我都能生存"的感觉,这种在恶劣环境中形成的乐观精神增强了我的适应性。训练生活是另一重考验,入伍时我看起来还有点圆滚滚的,分兵时班长都纠结了一会。但是,之后的体能训练没有让我失望，深蹲、俯卧撑、5公里越野、引体向上、战术训练等都让我的身体得到了极大的锻炼，也为之后在连队的工作训练打下了基础。无论是天翻地覆的生存环境还是艰苦卓绝的训练，都使我经受了磨砺，锻炼了意志，培养起一种革命乐观主义精神，使我的军旅生涯乃至一生都受益匪浅。

第二个蜕变是进一步认识到战友情谊、团结精神和父母不易。新兵班10个人，开始都互相不认识，显得陌生，但相处不到一天就变得无比熟悉，因为在训练场上他们都跟自己一起流汗，大家都是"难兄难弟"，那种同甘共苦的感觉自然而然会拉近战友间的距离。团结精神则更是标配，新兵营最让我难忘记的就是那种一荣俱荣、一损俱损的集体荣誉感。部队纪律严格，训练艰苦，难免会有犯错，那时候一人犯错全班加训，没有独善其身的说法；同时，一个班的荣誉要靠每个人去争取，这种团队精神也至关重要。对于父母不易的体会则是来自那种真切的独立生存之感，大学时虽然也独自生活，但是由于通话非常方便，跟父母、家庭并没有隔断感；但在部队，通信控制非常严格，每周只有一次用公用电话联系家人的机会，弥足珍贵。在工作训练中形成的责任感，集体生活中培养的照顾他人的意识，让我对父母的承担有了更深的体会。

第三个蜕变是进一步体会到家国责任感。至今难忘授衔的那一天，"我是中国人民解放军人，我宣誓！"铮铮誓词让人胸中涌起激动的暖流，眼眶不禁湿润，感觉自己的身份角色在那一刻真正完成了转换，可以说，直到那个时候，我的心态才真正从一个清华学生转向一名士兵，认识到军人身份是一份荣誉，也是一份义务和责任，担负此名，便要不辱其实。

在新兵营虽苦尤乐，集体活动也丰富多彩，但直到被分下单位来到真实的基层连队，我才知道原来真正的考验才刚开始。

三 个 体 会

那一年初冬，运兵车来到山沟里时已是深夜，我心中的那腔热血却比朦

山沟里，我守护着"国家宝藏"

胧的夜雾还要冰凉。我的连队在深山老林，准确地说是在一个山沟沟里面，这里离最近的镇子也要一个多小时的车程。那天晚上，所有下连的新兵都静默无声，看着车外的山影仿佛陷入了深深的思考。我有些恍惚，此情此景好像并非我的入伍初衷，我原本期待一段更加火热的军旅生涯，却不曾想会成为一名驻扎在山沟里的火箭军阵管兵。但可能也正是在这种真实环境中，我对军人生活和军旅生涯有了更深的感觉和体会，那种山沟的真切感仿佛还刻在脑海；对那个山沟里的历程，我的体会也有三个。

第一个体会是真实军人生活的平凡和严肃。刚来的我们，对于站岗执勤、日常任务，还有挖沟、种菜、巡线、营区整理等，开始还感到有些新鲜，但是日渐不变的山沟生活，一日日地循环往复，开始让我们认识到岗位的平凡，甚至有点儿枯燥。但我明白肩上的责任并非看起来这样肤浅，在我们的身后是"国家宝藏"和"和平守卫"。我仍然记得第一次进入坑道，只在电视里看到过的"倚天长剑"如此真实地出现在我的眼前，那一刻的震撼与激动永生难忘，我的"哀叹"突然间就变成了"感叹"。终于，不久后我有了守卫它的机会。那是一次夜岗，哨位就在坑道口。全身装备有几十斤重，没多久汗水就把衣服浸湿，我也有些摇摇晃晃。在头脑昏沉的一刻，一股凉风突至，脑子清醒的一刹那我扭头看了眼身边的班长，他虽额头见汗却纹丝不动，眼神炯炯。那一刻我突然被感动，一股豪气瞬间满怀，腰杆不由得挺直了些，大山里的哨兵也是优秀的，军人该有的样子咱都有！总之，山沟里的生活虽然平凡，却绝不平庸，它严肃而认真，从不曾放松过要求。在这个过程中，每个人都体验到了身份角色与工作状态的转换，这种转换需要自己不懈地探索。对于有志于军旅的同学，我想给你们一个建议：即使在平凡的岗位上也不要忘记思考，要时常想起自己的初心和信仰，这才是真正能够支撑自己走下去的核心动力。枯燥的生活需要精神的食盐调味，山沟无言、岗位平凡，只要能发出自己的光亮，就不会愧对入伍的初心。

第二个体会是面对任务和训练时的果敢态度。"只要思想不滑坡，方法总比困难多"，这是新兵班长时常教导我的一句话。下连之后，人手紧缺，任务通常都是指定到人，一个人执行一个任务，譬如站夜岗，往往只有一人一岗一杆加防暴器械，目光所及都是黑压压的山林，蛇虫出没，给人阴森森的感觉。第一次执勤此岗时，我战战兢兢，生怕从身后窜出什么东西来，我问自己：连这点苦都吃不了，遇到这点困难就怕了，对得起自己做出的选择吗？于是硬着头皮站了几次之后，逼着自己克服畏惧心理，之后再黑的夜路也都习以为常了；有任务则更有挑战性，比如代表连队去参加竞赛任务，任务刚接手时感觉猝不及防，但是任务面前只有命令，我们需要考虑的是怎样完成。面对任务，第一个想法应该是怎么去解决而非畏难，这种态度对于今后的学习工作都是大有裨益的。

第三个体会是受挫后的坚韧和自我提高。相信大学生士兵都或多或少会对自己的价值感到疑惑，有段时间我陷入了心有不甘的迷茫苦恼里，有时会问自己：我在军营里怎么发挥自己的价值？我和其他人有什么不同？这种困惑不自觉地表现出来，甚至影响到工作训练。直到我申请入党未获通过时，才发现清华生的身份反而成为入伍后进步的心理障碍。好在连长、指导员和班长耐心引导我重新认识自己，把身为大学生所拥有的眼界、学历转换为可贡献连队的财富。于是，我尝试将阵管兵的风采通过图片、文字展示出来，辅导战友们进行远程教育学习，这些额外的付出让我受益良多，也得到了连长、指导员和班长的一致肯定，年底我获得了"优秀义务兵"荣誉称号，之后也光荣地申请入党。

从2015年9月入伍，3个月新兵营，一年零九个月的大山驻守，到现在回校继续学业，那两年的军旅生涯依旧印象深刻。这两年间我也曾后悔过，但入伍时有一句话我也始终铭记在心：当兵后悔两年，不当兵后悔一辈子！"军旅无悔，无悔青春"，这是临退伍时战友送我的杯子上的寄语。作为中国的青年，服兵役原本就是一种义务，只要对军旅有所向往，就可以甚至应该去服役，即使只有短暂的两年，也会获益匪浅。

限于保密的要求，更多的军旅细节没有进行过多阐述，但我相信，看到和听到别人的经历，绝对不如自己亲身体验一番。我鼓励和支持更多的青年与同学参军入伍，到部队去经历那种真实。我也永远感谢帮助过我的连长、指导员、班长、战友、老师、同学和亲友们！

手握钢枪,赴青春之约

个/人/简/介

罗永贵,男,汉族,共青团员,1999年4月生,云南曲靖人。2017年考入清华大学人文与社会实验班大类,2018年进入新闻与传播学院学习。2018年9月入伍,服役于中国人民解放军战略支援部队某旅无人机营,2020年9月退役。服役期间表现优异,先后担任连队文书、新闻报道员等职务,被评为"优秀义务兵"。

路是走出来的，没有人能告诉你前方会遇到什么，除了你自己！

——罗永贵

2020年8月15日，退伍的日子一天一天临近。坐在电脑前，听着风扇"呼呼"的声音，看着窗外的一排绿色，思绪渐渐回到了两年前初来乍到时——那段充实、辛苦又让人振奋的日子。两年时光，受教于斯，成长于斯，我感恩所遇到的一切。

初来乍到　请多指教

为什么当兵？这大概是对每个当过兵的人的灵魂拷问。入伍之前我考虑得并不是很清楚，甚至心里有过一段时间的挣扎，可是最终作出决定却是很简单的一个问题——如果不去当兵，自己以后会后悔吗？是的，会后悔，那就足够了，于是我踏出了通往军营的第一步。经过一轮体检，两轮复检，冲破层层阻碍，我如愿以偿获得了入伍资格。想来真的是很幸运，毕竟我的身后还有一些人，因为这样那样的问题，他们止步在了军队这扇大门的门口，欲入而不得。

2018年9月10日凌晨，怀着好奇、激动以及对未知的恐惧，我从北京海淀乘上了前往部队的火车。我至今对列车上一名军官的话记忆犹新，"不管遭遇什么，我希望你们能够撑过新兵营，不要当孬兵、熊兵，希望在下连的时候能看见到你们"。那是部队带给我的第一印象。

到站以后，我们上了去营区的大巴。当时车上接兵的干部是一个中尉，长得又高又壮，生了一张国字脸，皮肤黝黑，脸上写满了部队的风霜，声音很洪亮。还未到营区，早已知道消息的他就迫不及待地问道："有清北的学生吗？"我举了一下手。后来，我成了他的兵。

随着喧闹的城市渐渐隐去，周围慢慢变得荒凉，车辆最终到达了驻地所在的村庄。进入营区我们开始下车步行，首先映入眼帘的是一块写着"八一"

的大牌子，高大的机关楼与周围低矮的村落房屋相比显得很雄伟。穿着夏常服的老兵们整齐地分列在道路两侧，用热烈的掌声欢迎我们这群新兵蛋子的到来。在这种氛围的感染下，我心里的紧张情绪被冲淡了一些。

到达新兵营门口，我被分到了二连一排，至今仍清晰地记得排长对我们训话时说的一句话："为什么我们是一排，就是因为我们要成为最牛的、最好的、最强的！"也正是为了早日实现"精英一排伟大振兴"这一目标，整个新兵营期间，我们在班长的鞭策下吃尽了苦头。

分到班，给家里打电话报过平安后手机就上交了，自那时起我与外界彻底失联。夜晚，看着窗外昏黄的路灯、陌生的楼房，我回忆起当兵前的点点滴滴，迷糊中带着稍许忐忑进入了梦乡。次日一声哨响惊醒好梦，我的军旅生涯正式开始。

淬火成钢　自强不息

军营的经历，每一段都很深刻：与不同的人相交、面对不同的困难、经历很多新鲜的事……部队就像另一所学校，我在此间不断地蜕变、成长。

军旅第一课：关于坚毅。"困难如弹簧，你弱它就强。当你累得不行时怎么办，扛住！扛不住怎么办，死扛！"这是新兵班长常挂在口边的一句话。入伍两周后，我们正式开始训练，烈日下的军姿，日复一日的3公里、俯卧撑、蛙跳、鸭子步……长期高强度的训练后，一站立脚掌就传来刺痛的感觉，膝盖下楼打弯，腿酸的迈不动。晚上睡觉的时候，常常会因为翻身的痛感或半夜脚抽筋而突然惊醒。然而日常训练还在继续，公差任务还在继续，晚上熄灯号后的3个100（俯卧撑、蹲起和仰卧起坐各100个）加练还在继续，部队的一切都不会因为个人的不顺而被按下暂停键。

那一段时间，每个日夜都显得如此漫长。有的人因为身体受不了成了病号，有的人选择了离开，但我成为了更多的人——坚持下来的人。那些打不倒你的，都会使你变得更加强大。终究，我适应了部队的生活。2018年10月25号我的日记里写道："今天，3公里跑了12分钟！虽然很累，但是整个人都处于一种亢奋的状态。当排长让我们站在训练场向天空呐喊时，我一边吼，一边流泪，汗、泪和吼声融入天地的那一刻，整个人仿佛都被净化了。流过的汗有多少，收获就会有多喜悦！"

军旅第二课：关于珍惜。我相信所有的别离都是为了更好地拥有。亲情、友情、爱情等皆是如此。在部队我流过4次泪，情不自禁。第一次是在2018年的中秋节，那天月亮特别圆，班长神秘兮兮地拿着一个黑袋子走进来说："猜猜今天晚上的科目是什么？打电话！不许太感伤啊。"当时说好不哭的，可一听到老妈熟悉的关切声"在部队训练苦不苦，过的怎么样？"还没说话，眼泪就出来了。第二次是在上一段提到的3000米跑后的宣泄中。第三次是2018年12月27号新兵下连送4个新兵班战友去往老连队。凌晨5点，风带着立秋后的凉意，平时寂静的新兵营略显得有些喧闹。那天，是离别的日子。随着接兵干部的催促，我的4个战友必须得走了。大巴从营门口缓缓离开，我努力地在车上搜寻他们的身影，当看到他们向我挥手时，泪水顿时积满了眼眶。第4次是2019年送别退伍的义务兵。在我的单位，义务兵之间的感情是最好的，想到刚下老连队时他们帮我拎包，带着我搞体能，平日里的打打闹闹……此去经年，不知道何时能再相见，眼泪再次不争气地流了下来。铁打的营盘流水的兵，终究免不了一场离别。

朝夕相处，一起吃苦、受累、挨罚、拌嘴，部队的感情就是在平淡的日子里一点点积累下来的。离别的时候才突然发现，原来他们已经在自己生命中留下了如此深刻的烙印。真挚的友情、温暖的亲情，在一次次分别中，我学会了如何做一个合格的拥有者。

军旅第三课：关于担当。"我是中国人民解放军军人，我宣誓：……英勇顽强，不怕牺牲，苦练杀敌本领，时刻准备战斗，绝不叛离军队，誓死保卫祖国。"当面向军旗庄严宣誓完的那一刻，我知道自己多了一个身份——中国军人，身上多了一份责任——保卫河山安宁。2019年8月，因为国际局势的变幻，我所在的单位进入一级战备，所有的对外通讯都被禁止，军事训练转入临战训练状态，时刻准备着机动执行作战任务。那一段时间，整个人的神经都变得紧绷，我从未如此鲜明地感受到与祖国脉搏贴得如此之近。曾经的少年已成为钢铁长城中的一块砖、一片瓦，为祖国的和平安宁贡献着自己的绵薄之力。

后来战备状态解除，当老妈向我抱怨怎么这么长时间没有给家里打电话时，我假装轻松地跟她说："近段时间事情很多，忙得晕头转向，下次一定记着每周致电，不要担心啦。"

军旅第四课：关于磨砺。军营有很多有意思的事情：在外驻训时，沿着公路一直跑，在你疲惫不堪的时候有人向你喊"加油"；当你穿着军装外出的时候有小朋友向你敬礼；在训练场上你追我赶，每个人都铆足劲一定要分个高低上下，等等。但更多的是需要忍受寂寞与平凡的磨砺：大院里活动空间有限，工作中自己选择的余地很小，休息的时间不多，大部分时间则是日复一日、雷打不动的装备训练、出公差、帮厨、打扫卫生、营区整顿。

起初我一度感到很苦恼，找不到努力的方向。后来我意识到，这不也正是修心的一个过程吗？改变不了工作内容，可以改变工作的心态。同一件事情，我可以做得更好：完成装备操作，我效率可以更高；连队授课，我可以准备得更充分，让大家更容易接受；别人不愿干的事，我可以冲在前面。踏踏实实完成每一件事，同样是一种不凡。休息时间虽短，日积月累也可以做很多事情——我利用发手机的时间自学《法理学》课程，阅读了《宪法学讲义》《西窗法语》等与法学相关的书籍，并在线上完成了法学院转专业考核；同时也阅读了《红楼梦》《平凡的世界》《三体》等自己以前一直想看的文学作品，拓展了自己的眼界，丰富了自己的文学素养，并且成功地在连队带起了一小波读书热。

平凡的岗位上亦能创造不凡，方法总比困难多，只要愿意开动大脑思索，并以愚公移山的意志付诸行动，那么所有的困难都会为你的前行让路，这是军旅给我上的最宝贵的一课。

军旗再见　青春无悔

天还是热的，血也还是热的，但只剩两周就要向军旗告别了。在最后的日子里，心里充满着浓浓的不舍与眷恋。仿佛又回到了一年多以前，看到了刚到部队那天夜晚心里充满忐忑的自己；训练场上，那个一次又一次把木柄手榴弹扔出去、再捡回来，反复练不停的新兵蛋子；学习室里，那个加班看书到入夜很久、和老班长畅谈的少年，仿佛一切如旧。只是，天下无不散之筵席，与军营终究免不了一场别离。

当兵以前，我听到过这么一句话：当兵后悔两年，不当兵后悔一辈子。一开始我并没觉得这句话是真实的，是理性的。在即将离开的时候，我才感觉到这句话的含义：两年的军旅生涯，真的刻骨铭心。军旅的峥嵘岁月，没有什么不可以：没有受不了的委屈，没有克服不了的困难，没有完不成的任务。清华授予我改造世界的知识，部队则锤炼我坚毅的品质。部队的淬炼使我变得更加成熟和稳重，能忍受对自己的不公和不利，能虚心接受批评和教育，能收起许多毛病和缺点，能有勇气去面对一切挑战！

在即将离开的时候，我想说：谢谢你，绿色军营，在激荡变化的时代潮流中，能投身于滚滚强军洪流，接受你的洗礼，我倍感光荣！

2020 年 8 月 15 日于河北廊坊

被折叠的时光

个/人/简/介

  荆晓青，女，汉族，共青团员，1996年4月生，山东高密人。2014年考入清华大学美术学院，2016年9月入伍，服役于中国人民解放军火箭军某部队，2018年9月退伍。服役期间表现优异，在全军政工网、《火箭兵报》等军级媒体发表作品数十篇，曾获"优秀义务兵""优秀四会政治教员"等荣誉。在校期间多次参加海内外社会实践和公益活动，曾获学业优秀奖学金、志愿优秀奖学金，于2020年加入清华大学第22届研究生支教团，并支教于西藏军区拉萨八一学校，现攻读美术学院硕士学位。

我一直在思考军旅生活对我的意义，每次思考都有不同的回答，现在印象深刻的竟然是如何读懂平淡。

——荆晓青

新兵入连初体验

2016年9月26日晚上8点02分，营区大门口鞭炮齐鸣，战士们夹道欢迎，我和其他7个来自北京的战友一起到了新兵连。我们几个人一声不吭，压低帽檐，挺胸抬头，站得笔直。早早到来迎接的战友们争先帮大家拿行李，带兵班长一言不发，神情略显严肃地打量着我们这些刚来的新兵蛋子。

到军营第一顿是蛋炒饭拌咸菜，那时候我并不知道这是半年来唯一一顿能细嚼慢咽的饭，其他时候都是在时间的夹缝中快速解决每一顿饭。回想这一天，我依然有些恍惚——早上还躺在大学宿舍的床上期待着军营里的戎马倥偬，晚上就真正迈进新兵连。

起床的号角声是每天连队生活开始的象征。6点20分号声一响，5分钟内集合完毕，在这之前新兵们要把被子叠成豆腐块、整理好个人卫生。出操完毕后，寝室内务也要兼顾，脸盆、毛巾、鞋子、牙刷、牙膏的摆放整齐划一，瓷砖一尘不染，甚至能映出人的脸。每次打扫厕所，我们都不遗余力，扫把、刷子、拖布乃至报纸，各种工具轮番上阵，在25分钟之内就能打扫干净。早饭过后，正式的训练生活拉开序幕，所有的新兵都小心翼翼、行动迅速，生怕一个微小环节的怠慢拖了班级的后腿。

训练场上见真章

早上8点50分，训练准时开始。

初冬的训练场，北风里掺和着水汽，但依然阻止不了"一二三四——"的口号声，这声音此起彼伏，一声压过一声。刺骨的寒风中，战士们的脸被

清华园里的退伍老兵（第二辑）

冻得青红夹杂，就连手也"在劫难逃"。摆臂练习时最容易被旁边的战友打手，没一会儿，很多战友的手背就被打成了红肿的"包子"。有一个战友曾被"左右夹击"，导致手背的血管被打破了，整个手背又青又肿，似乎摁上去就会爆炸。

苦归苦，但我们也学会了苦中作乐。救护训练解锁了肢体的各种潜力，成了新兵连训练中最欢乐的时光。新兵们用训练腰带拦住搭档的腿，给对方一个"公主抱"，模拟受伤时相互救援；也会采用低姿匍匐把"伤残"的战友送到背上，逃离火线。"你该减肥了，我驮不动你啊！这要是在战场上，咱俩就阵亡啦！""哈哈，要是真在战场上，你就自己跑吧，别管我了！""不行，生死与共，死了也要把你带出来！"每次训练完，我和队友就趴在土里，帽子歪着，相互调侃，全然不管脖子上被勒出的一条条血印。

屈臂悬垂是考验手劲、臂力和核心力量的一项训练科目。起跳、两手上杠、屏住呼吸、腹部收紧、目视前方，班长一连串的动作给大家做了标准示范。最初新兵们只能坚持5秒，在日复一日的训练与努力中，10秒、20秒、30秒……大家不断突破自己，渐渐将平均成绩提高到了40秒。我们最终明白，与成绩成正比的是手掌里老茧的厚度。

在训练项目中，单杠并不是我的强项，每次上单杠，我都有畏难情绪。为了转移注意力，我总是用上门牙咬住下嘴唇，下颌抵在单杠上，眼睛盯着远方的群山，同年兵们也会以唱军歌的方式给我加油鼓劲。歌声不停人不能掉下来，这是一种默契，远方的美景似乎给我的坚持多了一份动力。

熄灯之后，新兵们才有片刻的喘息。借着手电筒的微光，铺开日记本或者一张信纸，给想念的人写一封信成了我一天中最惬意的事。

工作台上找意义

3个月弹指一瞬，对新兵来说却像经历了一个世纪。新兵们虽然不至于脱胎换骨，但至少具备了一个士兵的基本素质。在团里最后的联合检阅中，我们女兵连捧回20多张奖状，战胜了男兵，取得会操比赛第一名。

下连前一天晚上，严厉的班长一改平日里的"凶神恶煞"，为我们准备了一桌饭菜，那一刻我看到了她藏在严肃面孔下的温柔。第二天早上5点钟，大雪飘飘，第一批战友就要启程。一切就像刚刚来到的样子，晚走的争先给早走的拿行李，夹道相送，相拥而泣，带兵班长在旁边沉默无言，眼睛里却闪着泪花，万语千言只化成一句"她们都是我带的兵"。

　　新兵连给大家涂上了兵的底色，而作为军人的意义却在老连队的锻炼里逐渐清晰。也许只有离开军营的时候才是一个军人真正成熟的时候。

　　下连之后，我被分到了一个老单位，和我一起去的还有几个在新兵营里结下深厚情感的同年兵。在单位的岗位上，每个人都有各自的职责。我的战友兼好友邓云帆是一个话务员，两年间，"您好，请问您接哪？"这句话被重复了成千上万次，触摸控制键盘无数次，忙碌的时候一天能转接上百个电话，但依旧忙中有序，丝毫不乱，上千个电话号码3秒上线无误差。我则是首先担任光端交换员，之后又借调到机关担任广播员。"各位战友大家好，这里是新时代军营广播之声，很高兴又和大家见面了"随着固定开场白，每天大喇叭播音半小时，两年累计超过300小时，"每日一学"板书更新500多次，军网发稿上百篇。在高强度的训练和工作中，我们成了平凡生活里的"超人"：前一秒能够大门口站岗，后一秒可以连队前演讲，炊事班里能掌勺，训练场上能打枪。

生活之外悟人生

　　一直说"你口中的岁月静好，不过是有人替你负重前行"，穿上军装，我们就是那群默默无闻，负重前行的人。吃苦在前，享受在后，哪怕付出生命也要守护国泰民安。这是军人的职责与使命，也是军人的勋章与荣光。但是只有当直面生死时，才知道这些誓言与信念背后流淌着多少战士的血泪。

　　还记得第一次学紧急通告的时候是一个深夜，"滴滴滴"的哨音牵动着在场每个人的心。这是一份事故通告，有个战友在任务中牺牲了，只有20岁，是我们的同年兵。听到这个消息时，我只觉得后背发凉，原来和平时期的死亡也能离我们这么近。

　　天灾人祸，避无可避。但正是在一次次的磨难中，我砥砺了心智，坚定了意志，学会了更多深刻的道理。

　　在部队的某个夜晚，我经历了人生中的第一次地震。当大家正准备洗漱休息时，灯泡、桌子突然开始剧烈摇晃，有经验的班长立刻反应过来，喊了一句："地震了——快下楼！"紧接着点名、报数、应急班接援军属、通信分队搭建无线电台、卫生队成立临时救援点……一切进展得有条不紊，短时间内全连集合完毕，在空地上待命。当时部队里的很多老班长曾参与过汶川地震的救援工作，整个旅团因在"5·12"救援的突出表现荣立集体一等功，此外，旅团也曾冲在抗美援朝的第一线，这些都是旅史上的辉煌时刻。经历了这次事故，我对日常里看似枯燥平凡的训练有了不一样的看法，如果平时没有下功夫，在情况发生时就会乱了阵脚，而非如此训练有素、从容镇定。

　　部队生活紧张而又充实，由于人员编制的调整，旅里取消了超市，快递也有收发限制，外出成为一种难得的福利，平均每一个半月有1次外出机会，时长4小时。下连4个月后我和另外两个同年兵终于等到了第一次外出，出行规划以分钟为单位，一秒也不能浪费。当我们满载而归时，看到周围的居民推着婴儿车，妈妈不时地逗着车里的小婴儿，笑容堆满脸庞。那一刻，我突然觉得我们的匆忙是有意义的，人们的笑脸就是我们一心想要守护的东西。我们都很幸福。

踏上归途心如初

　　转眼就到了退役前的最后一个月，为了给自己留下一点可堪回首的记忆，我和战友计划了一场说走就走的骑行。一个负责路线以及安全保障方面的考察，另一个负责购买设施和装备。为了确保安全，我们还查了沿途的医院，并模拟拨打120的场景。最后的骑行进行得很顺利，4天从晋中到北京共骑行500多公里，东西横跨太行山，南北穿过华北平原。到达北京的那天晚上，我们各自发了一条同样的骑行照片集锦的朋友圈——"感谢班长舍命陪君子！"。

　　军旅时光总是漫长而短暂，没有人能说清这两年自己经历了什么，收获了什么。这里总有一些意想不到的第一次，比如第一次地震、第一次全程坐姿听十九大报告、第一次用黄盆当加油助威的大鼓、第一次穿上军装打领带……当我们回到校园，惬意的时候可以一觉睡到自然醒，紧张的时候也为了学业而熬夜奔波，再回想那两年的军旅时光，感觉就像一场梦。

　　时光流逝，但我一直在思考军旅生活对我的意义，每次思考都有不同的回答，现在印象深刻的竟然是如何读懂平淡。

　　如果你问我当兵会给我带来什么改变，我不知道怎么回答，这是一个要用一生来回答的问题。我只想说，如果你靠近退伍的同学，那手心未消尽的老茧、那随口哼起的军歌，甚至那爽朗的笑声以及看到国旗、军旗时惯性停驻的眼神，都是军旅时光存在且不容忽视的证明。

献身使命　不负韶华

个/人/简/介

乔冠中，男，汉族，中共党员，1996年6月出生，辽宁辽阳人。2013年考入清华大学经济管理学院工商管理系，2018年9月入伍，服役于中国人民解放军某部队，2020年9月退役。服役期间表现优异，被评为优秀义务兵并获个人嘉奖一次，并于部队入党。在校期间曾任清华大学射击队队长、世界大学生射击锦标赛国家代表队队长，国家一级射击运动员。

山路曲折盘旋，但毕竟朝着顶峰延伸。

——乔冠中

"做一个好人就能当一个好兵"

踏入军营的第一感受是兴奋中带着忐忑与不安。入伍第一天从北京出发，一夜的动车到了湖北荆门，而后坐车六七个小时，辗转到了新训旅。心里也是由紧张兴奋到焦虑不安，车走得越远心越慌。

我们基地护卫着湖北、河南两省的空域安全，入伍之前我曾兴奋地和朋友吹牛说："以后你们头顶天空每一秒的安宁都有我出的一分力量"，话说得没毛病，就是真做起来时感觉和"守卫祖国天空"的差距有点大。

新兵训练是很辛苦、很枯燥的，我体能不行，9月的湖北平均气温在三十四五度，为了练3公里顺带减肥，我每天全副武装裹着雨衣跑5公里，即便这么练体能也只能勉强及格。新兵训练三大项就是队列、体能、内务。我内务很好，但内务评比就和作文比赛一样没有统一标准，于是终究不能有所表现；队列也不错，但队列好的个人也多，很难出彩。所以当时很苦恼，没有机会能突显自己。自己想不通就找班长聊，班长说了一句话，影响了我整个军旅生涯："做一个好人就能当一个好兵。"

在新兵训练的3个月中，我当上了副班长，全旅9个优秀班级中就有我们班。在连队，主官与班长的关系都很好，我从他们身上学习到了很多东西，连长连续3个月推荐我为优秀新兵和学习标兵，指导员平时教我一些公文写作，并在授衔仪式上为我争取了一个邀请家长为我授衔的名额。我入伍前是国家一级射击运动员，在实弹射击训练中，旅士官长任命我为射击教员，为全旅授课并协助保障全营打靶。新兵下连我被分配到了基地警卫连。

"一日警卫人，终生警卫魂"

警卫连作为空军唯一的地对地作战力量，担负的职责是站岗执勤与应急处突。所谓站岗执勤，就是担负营门哨兵执勤与重要目标警卫任务；所谓应急处突，就是当营区在任何时间、任何地点遭遇突发事件时，迅速出动应急小分队处理，包括恐怖袭击、爆炸、遇袭、火灾等事件。成为一名优秀的警卫兵需要出色的执勤处突能力、为人处世方法、行政办事能力，等等。下连第一天，我感到前所未有的压力，全新的环境、全新的任务，一切都要从头再来。好在我的学习能力比较强，业务熟悉得很快，慢慢地在连队发挥出骨干作用，得到各级领导的认可。

2018年12月底下连，我从一名哨兵成长为连队的文书兼军械员。在除夕夜万家灯火时，我站过岗；在年度重大演习中，我扛过枪；为清查连队资料彻夜不眠，为整治营区环境挥过锹、砌过墙。8月份的一天，基地副参谋长散步时叫住我，问我想不想去带兵。当时流行一句话说人要跳出自己的舒适圈，我当时也是这么想的，就答应了首长。

2019年8月16日，我们基地推荐的新兵骨干到新训旅报道。新训旅旅长是基地机关训练处的参谋，也是我新兵时新训旅的副旅长。8月17日，我被任命为新训旅的仓库保管员，理由是我没有带兵经验且有文书工作经历。当时我的内心是崩溃的，我理解旅长想让我担负相对轻松的岗位，也理解他对于义务兵能否胜任新兵班长的担忧，但我确实发自内心地认为自己能够胜任新兵班长的职位，也为自身能力不被认可而感到愤愤不平。当时新训旅刚成立，物资又乱又杂。我尽可能提高自己的工作效率，压缩工作时长，再利用休息时间熬夜背教学法、练队列，再富余的时间就是反复找领导申请担任带兵骨干。终于，经上级讨论决定，在新兵入营第一周任命我为新训旅大学生士兵班班长。

新兵班长尤为辛苦，怕出安全问题，于是新兵入营第一个月2点以前不许睡觉；怕队列教不好养成痼癖动作，就对着镜子练自己；怕体能落下，每次跑步拖着掉队的新兵跑。大大小小的会开了上百个，不到一个月笔记本就写满了……给我印象最深的是训练手雷实投，我当时负责接引新兵，新兵领完手雷后跑步到我这儿检查装备，我对他们进行心理疏导。毕竟不是自己投，总感觉心里没谱，新兵不咋紧张，班长们是真的紧张。我用特地从网上查的心理学材料来疏导他们，谈心的时候，我总产生聊一句少一句的错觉。检查装备时，需要新兵把手雷递给我检查，确认无误后我再递回去，从那以后我养成一个习惯，当别人递给我一个球状物体时我会刻意去触碰那个人的手。有两个新兵就是在递手雷时，我发现他们的手凉得像冰一样，于是及时叫停了。就是这样，在反复的实践总结中，我逐渐摸索出了一套自己的带兵方法。3个月转瞬即逝，临行前我请全班大吃了一顿，烧掉了班务会记录本，各自踏上了新的征途。

"抗击疫情，冲在一线，献身使命，不负韶华"

2020年伊始，疫情肆虐，不安的氛围弥漫整个武汉，而我们的驻地就在武汉。当时的我任警卫连一排一班副班长，也是连队唯一的副班长。疫情期间，很多班长在外休假无法归队，我就成了代理班长，连队唯一的文书发烧隔离了，我做起了文书兼军械员，同时主动申请了担负隔离人员生活保障的任务。事实证明，人是没有极限的，疫情期间吃了很多苦，担负了很多危险的任务，不便细说。现在回想起来很后怕，但当时真的是凭着一股冲劲。

"我不上谁上"就是我们当时的指导思想，我不上只能我的战友上，那比自己牺牲还痛苦。当时我们觉得疫情是一项挑战，战胜它之后会感到无比的欣慰与自豪，即使领导在动员大会上高喊着"你们是武汉的抗疫力量，全世界都在关注着你们，现在履行你们的士兵职责，为维护国家长治久安而奋战在抗疫前线"，也没有让我们意识到自己正在参加一场怎样艰苦卓绝的战争。直到抗击疫情取得阶段性胜利时，我们也没有感到一丝轻松或喜悦，更别提欣慰与自豪，只是领到了更多的防护装备，为守住胜利果实继续奋战。

当时的我主动申请担任基地疫情隔离保障组副组长，担负营区内归队隔离人员的送餐任务。送餐任务不仅要保障每人每天三餐及时送到，还要处理隔离人员生活垃圾。任务共82天，保障了6900余人次用餐。营区隔离人员每天少则20人，多则40余人，居家隔离点更是分散在营区各处。

送饭时都要穿着防护服戴着口罩、面罩。当时是冬天，为了保证送的饭不变凉，在楼梯上跑上跑下近2个小时。4月23日，院内前期感染新型冠状病毒患者康复后返回营区隔离观察。我申请单独担负隔离保障任务，每天担负送餐、处理生活垃圾、消毒等工作，历时33天，而后又单独进行了15天的隔离观察后归队。我在送餐过程中了解到，有一位81岁老人居住在家属区，前期因病住院，痊愈出院后独自一人在家隔离，子女都不在身边，家中电视机又恰巧出现故障，生活比较孤独。回到连队后，我向指导员建议，将连队的《人民日报》等地方报刊送给老人阅读，指导员同意了。从那天起我每天送餐时会把报纸一并送到老人楼前，老人之前患的是普通肺炎，年龄大了身体一直没好转，还伴有睡眠障碍。后来我在网上买了《快乐老人健康枕边书》《红色家书》送给她，在扉页上给老人写了祝福、鼓励的赠言。老人为此十分感动，通过微信向基地机关领导发来了感谢信，首长对我提出了点名表扬。后来连队战友和我开玩笑，说我这是太久没见家人了，在人家身上找家人的温暖。其实将心比心，当我照顾她老人家时对我自己的心灵也是一种慰藉，在疫情工作中的这一丝温暖是我面对难关时的心灵支柱。

　　回首两年，我庆幸自己参军入伍的选择，庆幸自己担任了新兵班长，庆幸自己担负了抗疫任务。我自小家境富裕，成长道路一帆风顺，而在这背后是无数质疑的目光，甚至曾有过一段时间我陷入了自我否定的误区。入伍后，在我受到新训旅表彰时，在我训练新兵挥汗如雨时，在我担负一次次艰险任务时，在我入党仪式上面对党旗庄严宣誓时，我感到了自身价值被不断认可，体会到了什么叫作付出与奉献。

　　回到学校后，我计划读完本科学士学位后继续攻读硕士学位，希望自己能够铭记当初服役期间，自己在遇到困难时的那份初心，为自己的理想信念继续努力拼搏。感谢部队的培养，成为一名中国人民解放军军人是我一生中最正确的选择！

第二章　勇气

勇气是人生的底色。路漫漫其修远兮，不仅大事需要勇气，每一件小事也都蕴含着勇气。选择暂停学业去体验不一样的人生需要勇气；穿上军装，承受军衔的重量需要勇气；走上训练场接受考验和磨砺需要勇气；咬牙坚持，证明自己，擦干泪水，都需要勇气。我们并非全然无惧，但勇气和信仰支撑着我们作出决定，并最终收获累累硕果。

美术学院罗芙蓉挑战自己参加比武竞赛，知其不可为而为之；工业工程系田鹏为证明大学生也有过硬的素质，在全旅体能考核中名列小组第一；法学院苏立曾在凌晨5点的星辉下奔跑，在居民楼的大火中穿梭，从洪水中背出年迈的老人，部队唤醒了他的血气；车辆学院王鹏跃把哨位当战场，手持钢枪，守卫着寂静的元旦；建筑系熊鑫昌穿着20公斤的钢背心负重训练，身上的青紫伤痕是他感到骄傲的军人样子；清华大学仪仗队队员石贵铭立志到部队去，去经受真正的锻炼和洗涤，并两次获评"优秀义务兵"；美术学院许运佳在秦皇岛的寒冬中度过新兵连训练，海风冰冷，心中却有热忱；数学系徐黎闽无数次在"绝望坡"上洒下汗水，挑战自己，获得"团战狼型官兵"称号；水利系邓明鑫把"清华生"的光环视为动力，对待训练严肃认真，在军旅中寻找意义和价值；新闻与传播学院刘湘把部队当成大学，从政委身上学到"自讨苦吃"，从班长身上学到血性胆气，从同年兵身上学会真诚待人。

勇气绝非独行侠，它有许多好朋友：智慧、品德、韧性。象牙塔里的学子、新时代的青年不光要有勇气，更要懂得有勇有谋，不逞一时之勇和一己之勇，才能将这条路走得更好、更长。

没有轰轰烈烈,只有勤勤恳恳

个/人/简/介

罗芙蓉,女,汉族,中共党员,1998年2月出生,河南周口人。2016年考入清华大学美术学院,2017年9月入伍,服役于武警湖南总队参谋部通信大队,2019年9月退役。服役期间先后担任中队文书、文化宣传组组长、副班长等职务,先后参加武警湖南总队"卫士-18""卫士-19"演习通信保障任务,被评为武警部队"最美新兵"一次、总队参谋部"优秀义务兵"两次,取得总队通信比武第二名,并于部队入党。2019年10月参加庆祝中华人民共和国成立70周年群众游行。

> 人生路上，重在选择，贵在坚持。无论选择什么，最重要的就是 follow your heart，然后不遗余力去做好！
>
> ——罗芙蓉

回想自己过去两年的军旅生活，只觉感慨万千。所有沸腾的、激动人心的、煎熬的、悲伤难忘的，都已归于沉寂和恬静，一时间涌上心头的只有这一句话："没有轰轰烈烈，只有勤勤恳恳。"

我是一名普普通通的武警话务女兵，每天奔走在训练场、业务室和话务台站之间，没有女子特战营的精彩，也没有跌宕人心的情节，有的只是一个普通到不能再普通的兵心故事。

军营第一问：为什么来当兵

为什么来当兵？这是伴随我两年的灵魂拷问。然而，无论这拷问是源于别人，还是来源于自己，都不是那么容易回答的。虽然有时候也会和战友打趣，自己当兵"是脑子一时下线了"，但其实我心中对这个问题一直有一个清楚的答案。

"心有所向，故步有所趋。"外公的绿军装，我羡了十几年；他那笔直挺拔的脊背、炯炯有神的目光，还有雷厉风行的果断与担当，我仰慕了十几年。我不想一辈子活在仰慕之中，也不想活在别人的阴影里，我要做自己的骄傲、自己心中的神。所以我选择当兵的理由很简单，也很纯粹——喜欢这身绿军装，喜欢士兵身上那股特有的兵味儿！敢打敢拼、有血性、有担当，这种顶天立地的铁骨硬汉形象已经在我心里深深地埋下了当兵的种子。尽管无缘女子特战营，也没有过上自己想要的"轰轰烈烈"的生活，但我却收获了另一种成长，这种成长是把自己揉碎了，再重塑的一种涅槃。

军营第一课：军人的绝对服从

下连队前一个星期，机动支队草坪训练场上一个稚气未脱的女兵高昂着她的头，试图不让眼泪落下来。她满脸写着不服和执拗，因拒绝在队伍面前回答新训队长的问题而被批评、作检讨。当时的她觉得，自己作为一个独立的人，有不回答的自由和权利，但她似乎忘了，自己的身份早已经不是象牙塔里的学生，而是一名以服从为天职的军人！在外面可以任性，可以和父母、老师争辩不休，大家都会给予她包容与宠爱，但部队却不会。

"部队"向来就是一个"不对"的地方，它有自己的行事风格。不是因为部队过于严苛、不讲道理，而是因为军人就要以服从命令为天职。

这个简单的道理，我在第二年做过骨干、带过新兵后才真正懂得。我很庆幸那时的中队长没有像学校老师那样，因为我的成绩优异就纵容我的冲动和任性，而是一视同仁地给了我一个深刻的教训。这是我在军营的第一堂课，叫作军人的绝对服从！这服从中有责任、有担当，更有使命。

军营第一思：平淡中的坚守

或许只有真正当过兵的人，才知道军人的不易。这不易不是源于艰苦的训练，而是源于生活的平淡。

很多人怀揣着一份少年的激情和对部队的憧憬来到绿色军营，但部队生活并不如想象中那么丰富多彩。军旅生活更像是一杯白水，每天都是三点一线的重复：训练、吃饭、搞卫生、工作，然后再训练。生活中的每件事都很简单，但每件事都被要求做到极致，"整齐划一"与"一尘不染"真的不是神话。

刚开始，我也会怀疑与困惑，不知道自己把大把大把的时间花在站队列、整理内务上到底值不值得，到底有没有意义和价值。我的选择正确吗？我纠结了很久，但最终说服我的，还是自己的内心。

那个时候，我告诉自己，当兵这个选择我已经做了，至于它是否正确、是否值得，也是由我自己说了算！即使它是一杯白水，我也要把它翻出属于我的浪花来！所以连队的每次训练，我都会参加；每天自主的体能，我也从未偷过懒；连队的各项体能素质测评我也经常排第一。很多时候，不是为了第一而成为第一，只是为了给平淡的生活添一点色彩，坚守住自己想坚守的东西而已。

渐渐地，我的心性更加平和了。就拿叠被子来说吧，或许常人根本无法理解，什么被子能叠两三个小时之久，但事实就是如此。每天用小方凳磨啊磨，磨得平平整整的，然后再掐线、塞角、整面，长49cm、宽48cm、高18cm的"豆腐块"就这样出炉了。叠得久了，竟然和被子生出感情来了。修炼到第二年，我们叠一床方方正正的被子只需要15分钟，但那时的我比之前更喜欢"打磨"它了，叠被子的过程就仿佛是在雕琢一件作品。这种过程，让我的内心很平和，也很享受，这是在外面灯红酒绿的世界中无法体会到的恬淡。

军营第一情：相爱相杀的"死党"们

"战友，战友，亲如兄弟。"在部队，最难得的是战友之间的感情。上一秒还在吵架，甚至想要大打出手，但当下一秒战友有需要的时候，总会不计前嫌地大方伸出自己的手，然后很"嫌弃"地说："别磨叽，快一点儿！"这些细碎的时刻，每每想起，心头总会涌上一种莫名的感动和幸福。

在军营里，战友们总是有伤一起背，有泪一起流，有路一起走。偶尔训练太苦，我也想过放弃；总队过于严苛的管理，也会激起我的叛逆。每当这时，总是战友给我劝解和安慰，让我感到无比幸福与满足。

在一次班务会上，我和班长争吵了起来，甚至一时冲动地跑到值班室想申请提前退伍。指导员一向知道我是个有思想有个性的人，所以当时她既没问我具体发生了什么，也没问我为什么想要退伍，就问了我一句话："你有没有成为自己想要成为的样子？"

听到这话，我的心里瞬间"咯噔"了一下，耳朵火辣辣地烧了起来，为自己的冲动和不成熟而感到阵阵羞愧。那天晚上，我们俩一直谈到了深夜。在后来的日子里，指导员常常关注我的思想动态，在晚饭后和我散步谈心、安慰我、开导我,带我慢慢走出思想的"死胡同",逐渐融入部队这个大集体。我很庆幸,在自己最无望、最挣扎的时候,有这么一群可爱的人,如师似友,默默陪伴,和我一起度过那段汗水与泪水交织的日子。

军营第一挫:知其不可为而为之

2019年5月,总部决定在全武警部队开展一次通信比武竞赛活动。听到这个消息我十分激动,因为这是十年一遇的机会,值得一试。

我信心满满地前去测试,但第一次速记测试就给了我一个"下马威",甚至打消了我立功的念头。在30分钟内,我只记住了十几个手机号码,且最终只写对了5个,而其他同年兵的准确率是我的一倍之多。

我的自信心被严重地打击了。各种各样退出的理由从我的脑海中冒了出来:"我不擅长短时记忆,我从小就对数字不敏感,万一没被选上会很丢人……"

但,这好像不是我自己!我都还没开始,还没真正努力过,有什么资格说自己不可以?!

我鼓足勇气,硬着头皮去参加了比武集训。从最开始的五选三、三选二、二选一,我最终成为最后的那个"一"。虽然整个过程里我都一直在被别人"狂虐",但我始终按照自己的节奏一步一步地前进着,终于在自己并不擅长的领域里走到了最后。尽管在8月份,总部取消了这次比武,虽有遗憾,但我的确成长了很多——这是一种"始于尝试、胜于坚持、归于初心"的成长。

军 营 总 感

在部队的这两年,我做过文书,当过骨干,带过新兵,参加过卫士演习,备战过总部比武,最后还入了党,连续两年被评为"优秀义务兵"。我可能干了别人三年、五年都不可能完成的事情,这些经历看起来光鲜亮丽,但其中滋味只有自己才能回味一二。当然,也正是在这些不同岗位的历练中,我逐渐放下了自己的任性和偏执，少了些稚嫩，多了些成熟；少了些冲动，多了些稳重。

这些细微的改变，都是我在退伍之后才逐渐发觉的。

有一次在公交车上，一位中年妇女和司机因为问路的事起了争执，两个人吵得不可开交，但车子还是保持高速行驶。坐在前排的一位女青年也加入了这场争吵中，并开始不断地指责司机服务态度如何恶劣，以及作为服务行业的人员该怎么做，显得义正词严，特别富有正义感。

当时的我坐在后面没有讲话，如果是两年前遇到这种事情，我可能就会像那个女生一样愤懑不平，但现在的我不会。我首先想到的是一车人的安全，即使司机师傅再怎么不注意个人素质，也不应该在他情绪波动很大的时候去指责他，万一他激动过头，失去理智，那一车人的安全谁来保障呢？其次，说话之前要先想一下自己的出发点是什么，是逞一时口舌之快还是解决问题呢？如果是后者，需要做的工作可就没那么简单了。再者，为什么总是站在道德制高点去指责别人呢？与其和司机师傅讲做服务行业该怎么样，还不如先制止这场争吵，等大家情绪都平复下来，公交车安稳停下，再好好说理也不迟。解决问题要先分清事情急缓，并且要讲当事人愿意听的话，说当事人认的理才行。虽然这只是一件很小的事情，却让我发现，自己已经和两年前不一样了，这或许就是部队在潜移默化中给我带来的成长与改变。

经过了军队的历练，我更加清楚了自己的人生方向和具体规划，也更加珍惜学校里丰富的学习资源和自由的成长平台。很庆幸我的两年军旅生涯没有留下遗憾，虽不完美，但至少完整！往后余生，无论行至哪里，我都会follow my heart，然后不遗余力地去做好！

无悔军旅路

个/人/简/介

石贵铭,男,汉族,共青团员,1996年5月出生,黑龙江海伦人。2015年考入清华大学电机系,2016年9月入伍,服役于中国人民解放军南部战区海军航空兵部队,2018年9月退役。服役期间表现优异,担任副班长等职务,两次被评为"优秀义务兵"。

厚积薄发。

——石贵铭

结缘军旅，无悔一生

我叫石贵铭，黑龙江海伦人，2015年8月考入清华大学电机工程与应用电子技术系。我与部队的结缘其实可以追溯到我收到清华大学录取通知书的那一刻，伴随着录取通知书一同而来的，还有一份征兵宣传册。上面宣传的内容，给当时还未经世事的我带来了巨大的震撼，我从那一刻便下定决心，我要去当兵！其实，我自己一直都有从军的愿望，宣传册只是一个引子，让我对军队的生活更加向往。

参军报国，无上光荣，这是一个终生铭记的经历。我的父亲在年轻的时候服过兵役，是我家族中父辈唯一一个当过兵的男人，而我，也要成为我这一辈中在部队历练过的男人。在收到录取通知书和征兵宣传册的时候，我便毅然向父母表达了要去部队的心愿。然而，事情并非顺遂，我遭到了母亲的反对，原因主要是母亲认为我的身体不太适合当兵：一是体质弱，二是有一些小的疾病。母亲劝我不要去部队，她说："你这样的身体条件是过不了兵检的。"身体因素暂时打消了我报名参军的念头，但是参军报国的种子却在我心中生根发芽，逐渐壮大。

2015年8月，我独自一人踏上了前往北京的火车，去往我心中的圣地——清华大学。入学后的我，如同"刘姥姥初入大观园"，看什么都无比新鲜。正式开学前的3周军训，让我提前体验了一把短暂的军旅生活。清华大学的新生军训十分严格，学校请来北京防化学院的军官带我们进行训练，安排我们进行走队列、体能锻炼等军训项目，还安排了具有清华特色的夜晚长途拉练，给一个个清华学子留下了深刻的印象。军训后，我们每一位新生都变黑了，但是意志却坚定了。军训刚结束的时候，又恰逢清华大学学生国旗仪仗队招新。我曾在升旗仪式上看到清晨闪耀的阳光下，国旗仪仗队整齐划一的队列动作和威武帅气的军礼服。我对这种景象心驰神往，并荣幸地加入了清华大学国旗仪仗队,这是我和部队的第二次结缘。在接下来的一年里,每周固定2次的升降国旗,以及一次晚间训练和一次集体训练,让我的生活逐渐地自律起来。我也越来越热爱国旗仪仗队这个集体,它带给我荣誉和温暖,带给我强健的体魄、坚定的意志和标准的队列动作,并更加坚定了我去部队的决心。还记得那个大雪漫天的夜晚,我们依旧雷打不动地进行日常训练,在雪地中站军姿。饥饿和疲惫侵袭着我的身心,但我们依旧坚持训练,不在动作标准上打一点折扣。这些付出,也在之后每个升旗的时刻得到回报。国旗冉冉升起的荣耀时刻,总能让我想起那个大雪纷飞的夜晚,那些坚持训练的时刻。

心心念念的参军报名终于到来,我的坚持也有了回响。2016年3月,我在中国参军报名网上报了名,成了当年清华头一个报名参军的学生。我还记得过了不久,武装部的王晓丽老师便打来电话,向我询问情况,并对我积极参军的态度表示了认可。

2016年8月,我作为清华大学代表队的一员,参加海军工程大学举办的"联合精英-2016"军事竞赛,并获得了团体武装10公里定向越野第一名的成绩。这次比赛,可谓是收获颇丰,即将入伍的我提前体验了野外扎营、武装越野、实弹射击等项目。当时正赶上武汉酷暑,高温炙烤下,我们依旧要认真完成每一个项目,并争取拿到最好成绩。尤其是第一天的武装越野,酷热难耐中,每个人都要在本就厚实的衣服外面携带大量装备,负重全力奔跑。很多参加比赛的选手都中暑无法参加比赛,可是我们队伍中的所有人都坚持了下来。这个过程虽然很苦很累,但是让我心中"到部队去"的声音更加响亮。部队是锻炼人意志的地方,是洗涤灵魂的圣地,我迫切希望在部队经受锻炼和洗涤。

新兵训练,脱胎换骨

2016年9月,我成功通过军检,在12月授衔后,正式成为一名中国人民解放军海军战士。这期间经过了3个月的新兵训练,我从一名地方百姓成功转型成为一名人民子弟兵。在这期间，我们每天早上5点半起床，几分钟之内就可以搞好内务，精神焕发地开始早上的例行训练，主要是出早操。6点多回到宿舍打扫卫生，然后吃饭并稍作休息。一般来说，在10~15分钟之内，我们就可以吃完饭，接着去上课。但也不排除例外情况，比如有紧急任务时，必须两三分钟内解决完早饭问题。记得有一次，情况紧急，我顾不上吃饭，直接把馒头、鸡蛋等各种食物塞进衣服里，在路上找机会填饱肚子。虽然仓促而紧张，但是只要不影响紧急任务，就让我感到宽慰。上午的上课主要是训练队列，还有诸如匕首操、盾牌、刺杀操等项目。中午11点半结束训练后，有的队伍还会利用中午时间加练，精益求精。下午也是类似的训练，从阳光正耀眼的中午1点，一直到下午的4点左右。到了晚上，队伍会去训练体能，跑步3~5公里。日复一日的训练增强了我们的体魄，也磨炼了我们的耐心和吃苦精神。部队的待遇也在逐渐提高，从我参军时的一天20块标准，到现在一天40块的标准，四菜一汤，物质条件越来越好。还记得当时一般是班长做饭，但自己有时候还会去帮忙做饭，煮牛奶、和面、下面条等，这也是一段难忘的经历吧。

3个月的日子苦中带甜，从地方到部队，无论是身体上还是精神上，我都是有巨大的变化的。这段日子对每一位新兵都提出了挑战，但是大家都坚持了下来，并成功脱胎换骨，分配到不同的岗位上，作为国防建设的一颗"螺丝钉"。同时，由于我表现优异，被班长任命为副班长，辅助他管理班内事务。班长一般比我们早两年入伍，经验和经历更多，也有一定的威信；而我和班里其他战友都是同年兵，而同年兵管理同年兵其实是比较棘手的，没有人会特别听从自己提出的要求和想法，很多事情需要和战友们商量，需要合理有效的沟通。但这同时也培养了我的管理能力、协调能力、组织能力。

2017年9月，我被授予上等兵军衔，同时被评为"优秀义务兵"，这是对我9个月来工作的肯定，这9个月的连队生活让我正式融入这个集体中去，我也因此感到无比自豪，有一种从内而外被认可的喜悦。下连队后，我无论在体能、执勤方面，还是在内务等各方面，都比新兵连的执行标准提高了一个等级，我认为这才真正算是一个兵的生活。下连队后的新兵9个月可谓是一名士兵快速成长的阶段。我们早早起床，用最短的时间把被子叠成豆腐块、洗漱并整理生活用品、整理好军容后快速集合……在这期间，班长会严格要求每一个人。我们每日的生活作息十分正规，训练执勤也科学合理。日复一日地坚持高标准的训练、执勤，会潜移默化地改变一个人。每个人都培养出了坚定的意志和强健的体魄。

严于律己，传承精神

2017年12月，新兵下连了，我们这一届终于不再是军衔最低的一届。我们开始带新兵，将士兵精神一届一届地传承下去。我被任命为副班长，并将把我这一年体会到的和学习到的都教给我的士兵。对于这种传承，我心里是无比自豪的。但是我毕竟是第一次带新兵，难免有所挑战。尤其是看到自己做新兵时犯的毛病，比如说逆反心理、找机会偷懒等，在新一届的兵上都能找到，内心感觉又气又好笑。同时，身担副班长的责任，就要以身作则。我要求新兵做到的事，自己首先要做好。只有自己体会了当副班长的感觉，再回想起自己当新兵的时候，对班长的不服气一下子就想明白了。换个位置思考，身份不同，职责不同。

2018年春节，正值单位搞大型活动，部队的文艺事业开始活跃起来了。之前我被选拔参加连队的舞狮队，跟着班长打镲，这次赶上班长要休假，鼓乐队的重任便落到了我的身上，我要在一个月内练好舞狮的"鼓手"，而鼓手的作用非常重要，需要通过有节奏的敲打带动整个联欢会的氛围。这件事令我印象深刻，这一段时间也确实"压力山大"，因为班长只教了我一个节奏和动作的配合，其他内容都要自己琢磨准备。那一个月，我经常不出早操，专门去练打鼓，晚上也给自己加练。曾经在练习时，鼓槌都被打断了，于是用擀面杖来代替鼓槌接着练习，印象极其深刻。一番努力后，最后的演出效果很好，连队的领导也对我比较认可。还记得整场热烈的气氛中，每个人脸上都洋溢着春风拂面般的笑容，欢呼声、拍掌声不绝于耳。能在紧张训练的连队生活中为大家送去欢声笑语，我感到自豪和由衷的快乐。

别离之际，无悔青春

2018年8月，分别的时刻终于到来，我们每个人的心里都思绪万千，我第二次被评为"优秀义务兵"，这份荣誉让我内心激动，但是更多的是不舍——我马上就要离开这个集体了。我知道，无论多么不舍，人生的路还是要走下去，每一段路都值得我们用尽全力去走好。回顾两年的军旅生涯，感受到自己真正的收获就是坚定的意志、超强的执行力和遇到困难一往无前的干劲。虽说学业因此中断了两年，但是在较长的时间维度上去看待这件事情，绝对是值得的。都说当兵后悔两年，不当兵后悔一辈子，我想说的是，在我最美好的时光有这样一段军旅生涯，我这一生都会铭记。

人生的大学校

个/人/简/介

苏立,男,汉族,中共党员,1993年3月出生,福建宁德人。2012年进入清华大学法学院法律系,2016年本科毕业后继续在清华大学法学院法律系攻读硕士学位。2017年9月入伍,服役于中国人民解放军某部队,2019年9月退役。服役期间表现优异,荣获"新训基地演讲比赛特等奖",被评为"基地新训标兵"和"优秀义务兵",并获嘉奖一次。

> 参军当然锻炼体魄、磨炼意志，但我更愿意强调它对我生活的指引。因为正是在这个意义上，部队给了我最好的教育。
>
> ——苏立

2017年9月1日，我坐上了开往新兵连的动车。谈及入伍的动机，我没有太多功利的考虑，只是希望能够丰富自己的经历，增加自己对社会的认识。两年下来，求仁得仁。

感受共同体

部队是强调集体主义的地方。

这种集体主义首先体现为团体责任原则。按我们指导员的话说，就是"一人生病，全家吃药"。为别人的过错买单，在部队是再正常不过的事情。因为有人训练时偷懒，集体被惩罚加训；因为有人藏手机，集体被禁发手机一个月；因为有人偷偷抽烟，集体被罚训练蹲姿。诸如此类，不胜枚举。

除了团体责任之外，集体主义也体现为对公共秩序的共同维护。在这里，每个人都要值日，帮厨、打饭、刷碗、打扫食堂、清洁厕所和其他卫生区……所有工作大家轮流来。这些是最生动的课程，教人明白自己如何给别人带来帮助。

在入伍前，作为一名中共党员，我认可社会主义的共同理想，但"人类命运共同体"这个概念于我而言并不明晰。而现在，对军营生活相同记忆的分享使我拥有了对共同体的想象。谈及这些记忆，与其强调其令人喜悦的一面，不如强调它苦难的一面。就像古人说的"己所不欲，勿施于人""将心比心"，其潜台词都是要理解别人的痛苦。从小生活在城市的我，入伍前当然不会有这种感觉。地方——尤其是城市——是一个工业化的社会，它一方面强调自我负责原则；另一方面强调高度分工，在比较优势理论的指引下，将"使用"和"维护"分隔开来。这种尤为经济的做法，反映在生活上则是一种割裂。失去对完整生活的体验，我们自然不可能理解其他社群的难处。正因如此，我无法对我们"共同的命运"有符合实际的想象。

如果说环境问题是全人类在法治时代依然无法避免的团体责任，那么阶级的划分、社会共识的分裂背后一定躲藏着权责分离的魅影。与地方相比较，部队给我的是一种完整的生活——自己的放肆不仅会给自己更会给别人带来麻烦。凭借团体责任和权责统一，部队的生活用最简明的方式描述了社会的运转。相较于自由主义的理论，这套模型更符合真实情况。这种生活要求我真实地感受承担义务带来的痛苦，而不能用金钱来替代义务的履行、购买痛苦的豁免权。正是通过这种切肤之痛的体验，部队让我重新理解了"人类命运共同体"这个命题，相比于之前单纯出于道德的阐释，这种"沉浸式体验"无疑是一种超越。

约束、静止与自由

从前看《海上钢琴师》，不理解为什么1900最后宁死不肯下船，直到我也上了这样一艘船——部队。

部队的生活当然是充满约束的，从起床到熄灯、每天什么时间干什么，战友们都被安排得明明白白。最让我们同年兵难受的是不发手机、不能外出、不能去服务社。而当兵的头一年，我们基本一直处于"三不"状态，表现好的话偶尔会有个"三合一"的机会——班长带着集体外出2小时，去超市买东西，顺便发手机。

部队的生活也是静止的。两年的固定服役期限和受到一定限制的个人自由，让我没有可能也没有必要再像以前那样规划未来。当一个人不再为未来发愁，今天就不再是明天的预备；当一个人每一刻都活在当下，时间就仿佛静止了。在这个意义上，这两年的大部分时间我都在过一种静止的生活。

约束和静止会带来寡淡的生活，这种日子不令我意外，因为来之前已有充分的准备，出乎我意料的是寡淡背后带来的内心充盈。那是多么幸福的体验！有几个瞬间令我尤为印象深刻。有一次，我帮连里写宣传材料，指导员把手机还给我找素材。我在连部一边打字,一边播放着战友亦凯选的青海民族歌曲。轻快的节奏使我异常亢奋,伴随着窗外射入的橘黄色阳光,我莫名地高兴。还有一次,我们班长奖给我一听可乐,我和战友们一人一口分着喝了,那种气泡在舌尖炸开的感觉,那份回味悠长的满足,我想,这丝毫不亚于《肖申克的救赎》中他们在天台喝啤酒的那种快感。我想,一定是长时间的物质节制让我的感官变得敏感起来。反过来看,物质文明的发展钝化了现代人感受幸福的能力,我们在琳琅满目的商品面前反而感受不到幸福,只能不断地寻求新的、更强烈的感官刺激,最后加入消费主义的狂潮,创造出病态的自我和社会。

从那时起我隐约感到,有节制的生活不仅有利于健康,更能让人感受到成倍的快乐。在第一年除夕,我真正对现代社会产生警惕。我们在除夕当天获准使用手机,开机的一瞬间,各种信息涌进来,我目不暇接,忙着逐条回复,一晚上的时间过得飞快。在那个晚上,我第一次如此强烈地感受到现代社会对我的控制以及部队给我的自由。这看似矛盾,但部队给我施加的限制恰恰提供了一种尼采所说的"宗教性生活"的可能。部队的一日生活安排得很满,但它更多是体力活,我有更多机会在劳动的过程中思考一些更重要的命题。如果不是入伍,我不可能如此长时间地脱离现代社会。两种生活的强烈对比给我以震撼的冲击,让我意识到自己真正需要的东西其实不多。

将静止和约束组合在一起,部队教给了我第二件事——去过一种节制的、关注当下的生活。从这个层面上说,入伍就像是用一把剃刀强行削掉自己生活中的枝枝蔓蔓,让我将注意力集中到生命中最值得关注的部分。由此我理解了1900的难处——失去了"船"的限制,我们不知道自己内心的意志是否足够坚强,是否足以支撑自己生活在偌大的"纽约"而不迷失。

荣誉、血气与驯化

当兵并不只是节制或者静修。实际上,部队生活能够激活暗藏在年轻人身上的那股血气。年轻人是应该有血气的。换言之,一个年轻人不能对社会的非正义无动于衷，不能对社会的丑陋熟视无睹，不能缺乏反抗与献身的精神。血气也许有一点莽撞，有一点无知，甚至有一点残酷，但它却是生命最自然的延展方式。我从前的生命延展得并不自然，它甚至是蜷曲着的。从小我受到的教育告诉我，应该将自我保护放在第一位，血气不过是不成熟的表现。这很可能是事实，但过早的理性反思对年轻人而言反而是种莫大的伤害，它剥夺年轻人的理想和希望，使他加速老去、陷入痛苦和迷惘。

军装似乎有种魔力，它让我变得勇敢，敢于为正义和荣誉作出牺牲。我曾穿着它在凌晨5点的星辉下奔跑，不断告诉自己当下的痛苦换来的是远方家人的睡梦香甜；我曾穿着它在列车上看守老百姓的行李，我发自内心地为自己终于能有益于人民而感到高兴；我曾穿着它参与扑灭营区旁边居民楼的大火，而全然不顾自身安危；我还曾穿着它在台风天的凌晨2点从被洪水淹没的居民楼里背出一位老奶奶。这些行动带来的幸福感和成就感如此真实。军装给我提供了一种正当性，让我可以"愚蠢地"按照我认为对的方式去行动。回想起来，那是一段激情燃烧的岁月、一种崇尚荣誉的生活。在这种生活中，你能感受到那种日渐被遗忘的血气的高贵。

部队的生活虽然唤醒血气，但并不放任热血。正如阿兰·布鲁姆所言，年轻人是一群充满血气、精力旺盛、思维单纯、天真幼稚、对未来充满玫瑰色幻想的"野蛮动物"。这种动物必须得到驯化。部队对年轻人的驯化是潜移默化的，它教你去看真实的生活，教你去理解政治和现实。当我成为一年兵时，新条例放宽了手机的使用限制，规定正课时间之外连队可根据实际情况允许官兵使用手机，然而班长们有意不按照新条例执行。我自以为学过两天法学，竟然傻乎乎地充当起"为民请命"的角色去和班长们讲道理。班长们也许是考虑到我的清华身份和年龄，在我的再三劝说之下，同意按新条例试行一个月。我本以为条件好转会收到"将士用命""勠力同心"的效果，没想到一个月下来，结果大出意料。部分士兵沉迷手机不能自拔，出公差的积极性大减，有时候班长也难以控制局势。吴班长说我太天真，总把人想得太好，把事情想得太简单，他们正是担心会出现这样的情况才不放宽手机管理。由此我意识到，我不能只凭抽象的观念去理解是非曲直。实践是检验真理的唯一标准，年轻人只知道书本上的是非，没有实地经验的支撑，无知地横冲直撞，自己头破血流不说，更是要犯"本本主义"的错误，从而危害集体。

部队生活是一种实践的哲学，用许多类似的例子使我这个书生第一次从理论跨越到实际。它用鲜活的例子教给我的东西，远比那些纸面上的道理来得丰富、来得耐人寻味。它用困难铸就赤子的风骨，也用挫败消耗赤子的冲动。在这个意义上，我认为没有一种教育比部队生活更有助于年轻人完善心性。它能将年轻人血气莽撞的性格逐渐抹去，又小心地不伤及，甚至发展其对荣誉和正义的追求。

教我如何不想它

我永远怀念在部队的日子。我相信每一个经历过的人都会如此。因为我们在那里看见过理想的高峰，迸发过自己的血性，感受过自由的灵魂，收获过诚挚的友情。忠诚、守纪、团结、牺牲——军人是一种职业身份，也是一个精神图腾。身份常常转换，但精神能够永恒。记得下连前的最后一堂思政课，指导员问我们："军人应该是什么样子？"我当时没说出来，现在也答不上。这个问题很抽象，但答案恐怕很具体，甚至很琐碎。我计划用更长的时间来试着答答看。但不论军人应该是什么样子，也不论我做到了什么样子，部队对我来说，始终是一所大学校。

一份收获是对记忆的分享。部队生活像钢铁洪流一样裹挟着我进入公共生活的场域，让我第一次从"私"的领域如此彻底地出走，这是任何理论教育都无法提供的深刻体验。

一份感动来自对微小幸福的察觉。说起部队生活，单调沉闷，或是宁静从容，没有了外界爆炸式的信息纷扰，没有了闯荡社会的战战兢兢。身体虽然劳力，心灵却自由起来。现在的我，可以品味出一口可乐在舌尖迸发的自由；可以期待每一次午饭的香甜；甚至可以找一个下午，静静地对着一楼小厕所的窗外发呆几分钟——静湖、垂柳、随风缓动的芦苇，让我想起"景瑟鸣禽集，水木湛清华"的诗句。部队生活是令人耳聪目明的，它压缩了生活，也让生活更加饱满。

一份理解源于对意义的发现。营区的广场上,立着一尊雷锋像。现在看它,我常忆起张思德同志——一个在平凡岗位上做出不凡贡献的后勤老兵。我开始理解并接受每一项伟大的事业的光鲜台前和无闻幕后。大英雄的名字固然有着激动人心的过往,但无名的后勤小卒也有他铁骨柔情的浪漫。这是一种为了同一崇高目标日复一日地等待,一种静默的、琐屑的,甚至无人记得的付出和牺牲。它不残酷,却不失壮烈。基地的生活总让我想起这种浪漫,让我想起张思德,想起这支军队初建时刻的光荣与梦想。于是乎我好像理解了这种琐屑的意义,并心甘情愿地为之奋斗。

书不尽言,言不尽意。总之,人说"部队是所大学",诚哉斯言!

一名清华生的"少年英雄梦"

个/人/简/介

田鹏,男,土家族,中共党员,1996年2月出生,重庆秀山人。2013年8月考入清华大学工业工程系,2016年9月参军入伍,服役于中国人民解放军陆军某集团军某陆航旅。服役期间,因表现突出,先后荣获新兵营"优秀新兵"、陆航学院"优秀学兵"和旅"优秀义务兵",并于部队入党。2018年9月退役,现为工业工程系硕士研究生、工9年级带班辅导员。

一名清华生的"少年英雄梦"

两年军旅生活，始于年少时的英雄梦。"清华生"的标签虽然曾经带给我压力，但更多的是给予了我在困境中不断前进的动力。岁月如白驹过隙，距离当初第一次来到部队转眼已过三年，但那两年的回忆在脑海里至今仍然鲜活。

——田鹏

兵 之 初

少年时期，每个热衷于武侠的热血男孩或许都曾有过金庸笔下的英雄梦——笑叹金戈铁马，执剑行走天涯。但我的梦却比别人要长一些，尚是孩提时期，我就痴迷于武侠。那时，全村只有一台彩电，每当到了武侠电视剧播出时间，所有小孩都围在一起津津有味地观看。闲暇时间，也会拿着木棍站在高处，与朋友们争夺"大侠之位"，大喊："我是杨过！我是乔峰！"彼时，耳边总会回想起《太极宗师》里的歌词"英雄谁属，非我莫属"，仿佛自己就是武侠电视剧中的主角。

岁月蹉跎，那个充满童稚趣味的英雄梦慢慢被遗忘蒙尘，直到2016年的夏天。那一年我大三，在学堂路上看到了大学生征兵的广告。情不知所起，一往而深。我突然觉得所谓英雄，不就是那些守护我们、守护祖国的军人吗？于是深埋心底的英雄梦似乎将要破土而出，一发不可收拾，我开始搜罗各种军旅题材的影视剧。在看到《大学生士兵的故事》时，我被新兵们训练、学习和生活的点点滴滴与内心情感的酸甜苦辣所感动，我越来越向往军旅生活，童年英雄梦的星星之火此时已发展成足以燎原之势。没有太多的思考，没有丝毫的疑虑，我当即决定去报名参军！

新 兵 连

2016年9月11日，军列载着我们来到了某陆航旅——"铁血雄狮，山

清华园里的退伍老兵（第二辑）

地铁拳"正是这支部队的写照。作为中国第一批陆航单位，这是一支不折不扣的"英雄"陆军航空兵部队，在 2008 年的"汶川大地震"抗震救灾中涌现了"邱光华机组"等英雄代表，曾荣获"抗震救灾英雄陆航团"的荣誉称号。

刚去的时候听战友说陆航主要是直升机飞行，相对其他部队兵种来说，训练强度会低一些。后来才知道陆航首先是陆军，然后才是航空兵，因此新兵训练同样毫不含糊。

对我来说，新兵连是两年军旅生涯中最充实的一段时间，除了紧急集合的时候，我每天都累到倒头就睡。

新兵学的第一件事就是整理内务，把被子叠成豆腐块可不是一件容易的事，要先把被子压平压实。就像"站在岸上学不会游泳"一样，被子放在床上是叠不好的，于是所有人都把新被子放在地上来叠，晚上再盖着，并不觉得有什么不妥。把被子叠成豆腐块是需要长时间练习的，作为新兵的我们自然更是要比别人付出更多的时间。每天早上 6：20 出早操，我们不到 5：00 就起床抢占大块空地用来叠被子，有的战友甚至叠着叠着便倒在被子上睡着了。整理内务看似小事，实际上则是细节见真章。

除了内务，我们练得最多的就是军事训练了，主要内容包括队列、体能、战术、打靶，等等。一开始，我因为"清华生"的标签而被大家另眼相待。班长和战友们认为清华的只会死读书，体能可能会有所欠缺。另外由于我个子不高，所以大家更是以为体能会是我最大的麻烦。然而，第一次跑 3 公里的时候我就用事实为自己正名——我拿到了全排第一。我想，这都得益于清华"体校"的传统氛围，从大一开始我们就训练 3 公里长跑，因此打下了良好的身体基础。

除了军事训练中"力争上游"，平时的理论考试我更是"勇夺第一"，班长也对我寄予厚望。在一次理论考试中，我因为没有拿到满分而被批评，当时觉得非常委屈与难过，心想：我虽然没有拿到满分，可怎么说也是最高分，为什么我被批评，别人考个 80 分还能有奖励？慢慢地我才明白，是因为我头顶着"清华"的光环。"清华"这个标签在无形中成了一股挥之不去的压力，但同时也激励我不断地突破自我。

新兵阶段体会最深的还是入伍前清华老班长的那句话："你要忘记你是清华的，你也不能忘记你是清华的。"在打扫卫生的时候，你得忘记你是清华的，你就是一个兵，干活得卖力；在竞争荣誉的时候，你不能忘记你是清华的，要发扬母校精神，追求卓越、力争上游。

当时新兵连有 3000 米、引体向上、打靶、手榴弹等 10 多个科目，由于科目太多，导致很长一段时间内都没有一个人能够全部达标。这种情况下，谁能率先全部达标就是荣誉。正是在清华身份的激励下，我见第一就争、见红旗就扛。小时候砍柴放牛打下的体能基础，再加上清华的体能强化和不停训练，我成为第一个达成全部合格的新兵。

欲戴王冠，必承其重。"清华生"的身份虽然会给我带来压力，但更多时候却成为我力争第一的动力。

下 连 队

新兵训练为的是让我们完成从一个地方青年向合格军人的转变，而下到连队才是真正走上服役岗位。在完成新兵训练之后，我被分配到机务连队，机务的工作任务就是维护好直升机，负责飞机起飞前的各项飞行保障工作和平时的飞机维护工作。机务新兵的任务则更为具体，大致就是打扫卫生和出公差。我们连队之前参加过"9·3 阅兵"，结束之后直升机已经交接，所以我们下连时还没有直升机可以维护，因此成了全旅的公差连队，而新兵则成了公差连队的公差尖刀班。

新兵下连是 12 月初，每年 12 月底整个集团军会组织一次野营拉练，对于刚下连的我们来说，这是到新连队的第一次大规模训练。这次拉练为期一周，白天行军，晚上更多的是在旷野撑着帐篷睡一晚，第二天继续前进，艰苦的环境对新兵来说是巨大的考验。从小在山里长大的我对于这些环境并不陌生，但仍然由衷地生出了对驻守在更加艰苦条件下的军人的敬佩，比起西藏新疆那些边远地区的战士来说，我们这里的条件好太多了。

拉练归来，离过年就不远了，这是我这么多年来第一次没有回家过年。

想家吗？当然想。除夕那天晚上，看着电视上热热闹闹的春节联欢晚会，再看着朋友圈中的大学同学晒出与家人团聚的合照，我也会感到难过、也会思念亲人。可是总该有人舍小家为大家，一想到这里，我所崇敬的边远地区的战士们风雪中驻守边疆的样子便浮现在我眼前，真正的英雄们正是他们这些替我们负重前行的人。

我虽然学过机务知识，回到连队后却因为大学生这个身份成了连队文书。在这个岗位上，我在学校学习的工业工程优化的思维和方法起到了很大的作用，因此总是能够找到一些合适的方法处理好各种各样烦琐复杂的文书事务。一年多下来，工作上没有出现什么差错，也算是圆满完成了任务。文书工作让我得以建立起群众基础、增强和群众之间的联系，最终以义务兵身份在部队入党。但是另一方面，做了文书意味着我很难和战友们一起参加体能训练，再加上大学生这个标签，导致大家对于我评优这件事总是颇有微词。因此，我总是想着能够得到一个证明自己体能优势的机会。

机会终于来了，那次是全旅性的考核，最重要的几个项目包括武装3公里跑和400米。我们的队伍中有一个来自北京体育大学的学生新兵，我就以他为目标，不懈追赶。在文书工作期间，我只能利用每晚空闲时间去机场跑步、去训练场地加练，狠下了一番功夫之后，最终的考核成绩我如愿以偿名列小组第一，连队第二。后来没人再说"文书体能不行"，而是都说"清华兵跑过了北体兵"。

再 回 首

铁打的营盘流水的兵，时间如白驹过隙，转瞬即逝，两年军旅生活很快来到尾声。两年来，同年兵一起经历过太多太多，出公差、搞体能、被惩罚、吃在一起、住在一起、玩在一起、工作在一起，很多事情如今回想起来仍然刻骨铭心。当《驼铃》响起的时候，即使在通信如此发达的现在，依然忍不住为当时的离别而伤感。战友情弥足珍贵，即使已经退伍一年，但是那些一起从单位退伍回来同在北京的战友之间，仍然保持着联络。

部队两年，我不仅养成了良好的作息和生活习惯，更学会了责任与担当。参军入伍圆了我小时候的"英雄梦"，虽然我不会再像年少时期，大声喊出"我是杨过！我是乔峰！"但现在的我知道自己该去做什么、能做些什么。返校之后，我选择成为新班级的班委，成为一名辅导员。在新中国成立70周年庆祝大典时，我选择成为"伟大复兴"群众游行方阵中的一员，并作为一名中队教练带领大家进行训练。

我曾意气风发，带着少年时期的"英雄梦"来到部队，入伍之后才发现所谓英雄最重要的不是拿上奖牌与勋章时的光鲜亮丽，而是在平凡岗位中默默守护的坚持与奉献。

最冷清的元旦

个/人/简/介

王鹏跃,男,汉族,共青团员,1997年7月出生,山东潍坊人。2014年9月考入清华大学车辆学院,2016年9月入伍,2018年9月退伍,服役于武警湖南总队永州支队江华中队。服役期间被评为"优秀义务兵"并获嘉奖一次。

> 平地之中，亦有惊雷。
>
> ——王鹏跃

2018年1月1日，那是一个只有8个人的元旦。那一年的元旦虽然冷清，但却深深印在我的脑海中……

"哨位就是战场"

新兵连结束后，我来到了武警湖南总队永州支队江华中队，我们中队从属于中国人民武装警察部队内卫总队，在日常的训练生活之余，执勤站岗也是必不可少、至关重要的一项内容。我们中队哨位设置共有4个，一个自卫哨负责管控人员车辆进出与保护营院安全；两个岗楼哨负看管我们中队所负责的监狱的安全，避免出现越狱、暴狱、冲闯等意外情况；一个网络查勤哨负责监控各哨兵履职尽责情况。中队人数虽然不多，但日常训练与执勤工作的开展有条不紊，互不冲突。

小小的哨位承压着重如泰山的责任。在新兵连的最后一个月，我们每天的训练内容便逐渐从体能训练、技能提高向勤务训练倾斜。每天都有"哨兵同志，下哨时间已到，请下哨！……"的勤务交接词环绕在耳边，射击训练也从单调的对不动目标射击转变为夜间射击、对移动目标射击，更加贴近实战。而在我们新兵下队之后第一天，班长便给我们灌输了"哨位就是战场，执勤就是战斗""执勤1分钟，战斗60秒"的执勤理念，就是为了让我们认识到执勤的重要性。在接下来的一年时间里，无论日常训练多苦多累，无论是夏日炎炎还是寒风刺骨，无论是烈日当空还是长夜漫漫，只要我穿过营院后的石榴树林，走上了岗楼，接过执勤用枪，我总是会打起十二分的精神，保证执勤不出一点差错。

清华园里的退伍老兵（第二辑）

第一次分别

时光飞逝，日历翻到了 2017 年 9 月，在这个嫩绿的石榴叶开始走向凋零的季节，我们也迎来了军旅生涯中第一次分别——12 名老兵服役期满，选择退伍返乡。离别的愁绪也掺杂着对未来的憧憬：一年后的今天，我是否也能骄傲地卸下军衔，骄傲地对着营院、对着大家，敬最后一个军礼呢？

老兵退伍仪式结束后，我们回到营院，才猛然间意识到一个严重的问题：中队人手不足。从前的 30 多人骤然减为 20 余人，所影响的不仅是营院里的烟火味，更是哨位排表的变化。从之前的隔一天站一晚夜哨变成每晚都要站夜哨，勤务带给我们的压力陡然增大。

又过了几天，支队抽调了两名士官班长去带新兵集训。12 月，满服役期的士官也到了退伍的节点。中队在位人数越来越少了。在每天勤务连轴转的同时，第四季度的考核也即将到来，于是我们在日常的训练、执勤之余，还需要对考核内容、考核项目做针对性的训练、提高。

终于，又是半个月过去，考核顺利结束，我们中队拿到了先进中队的称号，也算是没辜负一年的付出。但临近年关，平静的训练生活又被突发的任务打断：为响应党的十九次代表大会对强军兴军的要求，支队决定开展应急班轮训，以任务为导向，更加贴近实战，提高各机动中队、执勤中队处置突发事件的能力。而我们中队也被抽调走了 11 人，一下子，偌大的中队仅剩余 8 人，本就紧张的执勤人手安排现在更是捉襟见肘。

按部就班中的企盼

可是，太阳每天还要照常升起，日子还要继续，8 个人就 8 个人。之后的几天，我们都处于"不是在站哨，就是在去站哨的路上"的状态，晚上更是有两班夜哨，睡眠时间仅有 4 个小时。而与此同时，虽然季度考核已经结束，但是中队长对我们的训练要求丝毫没有放松，他总是说："军事训练是一切的根本，军事素养提高了，才能更有能力、更高标准地完成执勤任务，处置突发事件。""中队就要有中队的样子,哪怕中队只有一个人,也要保证每天出操出勤。"

于是,在永不停歇的执勤之余,我们还要完成早操雷打不动的 5 公里、在凛冽的寒风中站军姿、一下午一下午的 400 米障碍。我们就宛如被上足发条的闹钟,从早到晚嘀嗒嘀嗒地转,今天过完便是明天。按部就班的生活一眼望过去没有尽头。那半个月是真的累,但是晚上睡觉,也是睡得真香。

就是在这种状态下,每个人都翘首企盼着,元旦快来吧,放个小假,休息一下。

元旦,终于如约而至。

如约而至的元旦

和剩下的 364 天不一样,一年中元旦的早上是没有 5 公里的早上,但是我依旧要站 6:00—8:00 的哨。看着战友们没有像往常一样背上子弹带,而是围着篮球场以龟速小跑了两圈就回营房整理内务卫生了,我的内心毫无波动。

下哨之后,简单地吃了早饭,碗还没来得及洗,中队长就吹哨集合了。站在 3 个人的队列面前的中队长平静地祝我们元旦快乐,仿佛这只是一年中稀松平常的一天。他叮嘱我们要休息好、养足精神,然后宣布了集合的目的:杀猪。说起杀猪,倒也不是很陌生,之前过年还有八一的时候,都有过这样的经历,但是当时人多啊,二三十号人分工明确,有人负责赶猪,有人负责拦猪,炊事员磨刀霍霍,把猪按住之后,值班员一声令下,杀猪大业就能完成。而今,只有我们 4 个人,想到要去杀猪,大家内心还是有点忐忑的。来到猪圈后,炊事员先去磨刀接热水,我们 3 个人费尽九牛二虎之力方才把猪仔从猪圈给赶出来,然而由于没有人手在外面拦猪,猪仔一出猪圈便向外狂奔,不得已之下,我们只好分头再去把猪给往回赶,来来回回折腾了数十分钟,才终于把猪给按死,这时我们已经浑身都湿透了,杀猪的强度简直不亚于跑一个 5 公里。幸好之后的过程没有再出什么意外,我们也成功地完成了这项工作。

清华园里的退伍老兵（第二辑）

元旦佳节，加餐是不能省略的，不说大鱼大肉，至少也不能太平淡。在中队长的指挥下，我们略作调整，便去各哨位换下哨兵，而他们下哨之后便要去厨房帮厨。我接哨的是我的同年兵，北京城市学院的一个战友，他笑嘻嘻地看着我，很是开心地说道："你们杀完猪了？"

"杀完了。"我答。

他又问："那我们下哨是不是可以休息了？"

可惜啊，让他失望了。这也是没办法，中队人实在是太少了，日常的生活还是要开展，事情摆在那总归是要有人去干的。工作日期间，需要开展各式各样的训练；节假日期间，也有或大或小的杂事等着处理；突发事件期间，我们也还是要义无反顾地顶上去，扑在前线。从我这得到了否定的答案，他耸耸肩，说道："这样啊，我还以为可以休息一下了呢。"语气无悲无喜。"服从命令是军人的天职。"我们口中已经很久没有再说过这句话了，也许是因为这句话已经牢牢印刻在大家脑海中了，无须用言语来表达。

到了下午，事情差不多都完成了，我们终于有时间休息一下，中队长把大家的手机都分发了下来。元旦了，跟家里人通通电话、报报平安是必不可少的一项任务。可是电话打到一半，家长里短的话题还没能聊尽兴，就又到了上哨的时间。不得已，只好匆匆忙忙结个尾，下哨再继续聊。在部队的生活就是这样，亲情、友情、爱情常常都要让位于家国之情，但仔细想想，亲情、爱情、友情的岁月静好不正是需要我们那一份为了祖国而负重前行的初心来守护吗？

暮色四合，夜晚降至，过节时候雷打不动的聚餐时间要到了，平时的六菜一汤在今天变成了九菜两汤，可是虽然菜品丰富，桌前的人却仅有4人，再怎么可口的美味佳肴也烘托不出节日该有的那份喜庆和团圆，菜色和人的相互对比更显出一份孤独和寂寥。随着中队长一声"坐下，开饭！"我们开始了这冷清无比的聚餐。中队长喜欢喝酒，可惜自从禁酒令颁布以来，节假日聚餐期间喝酒便成为历史。望着眼前杯中的雪碧与王老吉，中队长叹着气，无奈道："今天，元旦佳节，咱们不能喝酒，那就以饮料代酒，祝大家元旦快乐！大家今晚吃好啊！"4人玻璃杯的碰撞之声，在这空旷的食堂里倒也更显清脆。我们吃完过后，便去往各哨位将还没来得及吃饭就去上哨的当班哨兵换下，让他们也能吃上一口热饭。

晚上照例仍旧是休息，一天的疲倦在夜色的冲刷下倒也逐渐消散。我和中队其他两个同年兵一起坐在篮球场上，讲述着自己入伍之前的一些趣事，顺便畅想一下9个月之后的自己。四周寂寥无人，唯有自己的思绪在夜空中飘飞，卸下了白天因训练、站哨而紧张的神经，竟发觉有些无所事事。每当这种时候，都会发现其实无所事事也是一件很幸福的事。

夜深了，熄灯就寝的号子准时响起，有的人准备进入梦乡；有的人仍坚守在哨位上，用十二分的精神对待当下的每分每秒。

元旦，就这么过去了。

后来的后来

后来啊，只记得第二天新兵下队，中队人又多了起来；只记得第三天习主席颁布训令训词，新的指示意味着新的任务；只记得第四天元旦小长假结束，早上的5公里它又来了……后来的后来，我，就这么退伍了。

在军旅的感觉就是这样神奇，当你身处其中时，每一天似乎都那么漫长，那么累与苦，那么平淡无奇。而今，退伍之后再回头来看，苦尽甘来，往事如电影一般一幕幕在我脑海之中闪过。两年的时光里，部队教会了我很多，有让我受益终生的，也有让我深恶痛绝的，幸运的是，终究还是欢乐大于泪水，收获多于苦痛。如果让我重来一次，我不知道是否还会有勇气再次选择当兵，但我始终坚信，无论再怎么重来，两年军旅生涯都会是我最宝贵的财富。

携笔从戎,塞外风景独好

个/人/简/介

熊鑫昌,男,汉族,中共党员,1995年10月出生,江西丰城人。2013年考入清华大学建筑学院建筑系,2016年9月入伍,2018年9月退伍,曾服役于新疆军区伊犁军分区某边防团,服役期间两次被评为"优秀义务兵",获两次嘉奖,获评一次先进个人。2019年进入建筑学院攻读研究生,担任院研究生团总支副书记。

未经审视的人生不值得一过。

——熊鑫昌

2016年征兵季，我决定携笔从戎，成为一名光荣的军人。在填写去向志愿的时候，我选择了距离北京最远的新疆和条件最艰苦的边防。

在我的想象中，边关要么是"大漠孤烟直，长河落日圆"式的苍茫壮阔，要么是飞沙走砾中点缀着几棵坚挺白杨的戈壁滩。而当两天两夜的行程结束，接兵干部把我们送到新训基地的时候，我看到的却是与想象中完全不同的一番景象——湛蓝的天、葱郁的树、碧水映帘云悠悠——好一个"塞外江南"。

这就是我军旅生涯开始的地方：新疆。

初 砺 锋 芒

初入军营，最开始接触的内容是队列和内务。

单兵队列训练要求战士掌握标准的动作姿势，并通过反复练习形成肌肉记忆；共同队列训练要求在单兵标准动作的基础上实现整体协同、整齐划一。队列训练是塑造军人形象的第一步，也是培养新兵纪律观念和集体意识的第一课。训练过程中最困难的部分不是身体上的疲惫，而是整个过程中不能有任何多余的语言或者琐碎的动作，一切必须绝对服从和严格执行。如果以班为单位开展训练，则是"一人出错、全班受罚"，因此接受能力强、进度快的同志要承担起帮带其他战友的责任。

正是在这样的氛围中，我和同班战友从素昧平生到相识相知，从慢慢磨合到默契配合。普通人对队列的第一印象，当属国庆阅兵方阵的严密有序：每一步不仅步幅相同，连所用时间也是一样的，而且每次落脚只能有干脆利落的一次声响。然而真正的军队队列与阅兵队列并不完全相同，参加阅兵的军人在身高等方面都经过严格筛选，而真正队伍中的战士不仅身高、腿长不一样，做动作的反应时间也不一样。这带来了更高的训练难度，只有经过不断反复地磨合才能臻于默契，也只有亲身接受过部队的队列训练才能体会到真正的高标准、严要求。当时，我们有一个游戏叫"信任背倒"：一个人站在2米左右高的台子的边缘，其他战友在下面，站在高处的人闭上眼睛背对战友向后倒下。如果无法信任地面的战友，站在高处的人是不敢后倒的，而我们后来都可以很轻松地完成这个游戏，因为战友之间早就形成了深厚的信任与默契。

对于刚入伍的我来说，如果队列训练留下的印象仅仅是严格，那么内务标准可以说是近乎"变态"——被子的折叠线位置要精确到毫米，叠好之后面必须平整，转折处成笔直的线；内务柜里面的衣物必须整理成方块，而且单位内要统一设置；洗漱台、镜面、桌子、柜子要擦拭到一尘不染，检查标准是戴上白手套摸一遍，手套上不能有任何脏污……早上整理内务的时间尤为紧张，这就要求我们不仅在整理内务的时候要做到严格、高效，其他时间也要尽量维护好已有的内务设置，始终保持一种整洁有序的状态。

新训后半阶段，班长任命我为副班长，主抓内务。对我的要求是宿舍内和卫生区必须保持一种"经过三分钟维护就可以接受上级检查"的状态，这让我养成了主动发现问题并随时纠正的习惯。更重要的是，在我一次次主动拿起拖把维护卫生的时候，纪律意识和自律观念正在我的潜意识里慢慢生根。

比 武 竞 赛

新训阶段，单位为了营造"比学赶帮超"的氛围，分阶段组织了两次新兵比武竞赛。比武的内容以新训科目为主，既有体能上的较量，也有技能上的争锋。我通过这两次与战友们的同台竞技，赢得了大家对一个清华大学生"战士"身份的真正认可。

第一次参加比武竞赛的原因有些偶然。之前在学校有一些长跑 3 公里的基础，连队第一次组织徒手 3 公里摸底考核的时候，我是全连第一个回来的，于是就成了连队龙虎榜的 3 公里榜首。考核结束后班长很高兴，随即给我提出更高的要求：全连第一必须保持住，比武竞赛要拿下新兵第一。

就这样，一次考核中的超常发挥迫使我必须用更高的标准要求自己。部队推崇的原则很简单也很残酷——"文无第一，武无第二"，在比武竞赛中将会遇到什么样的对手完全超出我的预料，然而"拿第一"已经是班长给我下的一道"死命令"，我只能更加拼命地挑战自己的极限。

然而日常训练内容和时间安排都已经固定，想要加练只能占用个人休息时间，并且场地也仅限于宿舍。后来我想到可以借助负重来增加训练强度，从而达到更好的效果，便缠着班长给我找了一个 8 公斤的沙背心，从早上起床到夜里入睡全天都不离身。原本每天统一安排的训练强度就不可小看了，班长也没有因为额外的负重就对我降低要求，结果每次训练结束时我的沙背心都湿透。

过程虽然很累，但效果也很明显。经过两周的强化训练，我的徒手 3 公里成绩有了明显的提升。在最终的比武竞赛中，我以 5 秒的优势险胜对手，拿下单项第一。

第一次比武竞赛的胜利，在提升了我信心的同时，也增加了我的忧虑。信心在于强化训练的方案成效显著；忧虑则在于对手实力不可小觑，竞争愈发激烈。因为带着清华的标签入伍，我在新训基地受到了很多额外关注，也常常需要回应别人的一些看法。虽然第一次比武竞赛中我取得了单项第一，但徒手 3 公里是新兵才有的科目，也就是说这个科目下的成绩在老兵眼里并没有什么分量。为了清华人的荣誉，我决心在一个月后的第二次比武竞赛的徒手 5 公里项目中拿下第一。

这一次，我把 8 公斤的沙背心换成了 20 公斤的钢背心，连队也专门成立了比武队，每天的训练强度只增不减。20 公斤的负重对我的身体是很大的挑战，最开始我只是腰部不适，后来小腿也开始每日酸疼。每天晚上脱下负重背心后，肩膀上勒出的紫色印痕都清晰可见。但训练完那种极度的疲惫又让我感觉到，自己终于有点军人的样子了。

最终，功夫不负有心人，第二次比武竞赛中我如愿以偿拿下徒手 5 公里单项第一，同时也打破了新训基地新兵徒手 5 公里的历史纪录。我因清华的标签受到关注,又因自身过硬的军事素质捍卫了清华的荣耀,并赢得了尊重。

下 连 上 山

　　新训临近结束,分兵下连之前,一些二线单位向我抛出了橄榄枝。但我想,既然自己选择了边防,那必然要去到真正的一线,才能得到更多的锻炼。于是我果断选择了一线边防单位。下连的时候已是冬天,送兵专车从新训基地开到老兵连,颠颠簸簸走了将近一天。我看着车窗外的景象从热闹的集市变成冷清的村庄,再后来就只剩下路边无穷无尽的杨树和天地交界处的雪山,这才体会到什么是真正的"边远"。

　　下连第二天,我和其他几个战友便接到上级紧急通知,被连夜派往边防线驻防。抵达目的地后,连长向我们传达了通知的内容和要求,并对安全防范和紧急处理等工作进行了部署。那天晚上,除了被安排值夜的岗哨,我们所有人睡觉时都把枪抱在怀里。边防线意味着中国领土的边界,界外任何情况都不可知,如果出现意外,边防线则是一线中的一线。而我们当夜,离边防线只有一个冲刺的距离。

　　沉默的第一个夜晚过去,第二天早上我们接到上级通知,得知要在此处长期驻训。虽说命令必须执行,但现实困难也显而易见:临时驻训点连最基本的水电供应都没有,吃饭喝水都成问题。后经协调,上级给驻训点送来了给养和燃烧用煤,实在没水的时候战士们就从界河里打水。山上和路上都是厚厚的积雪,我们就在这样的冰天雪地里"安营扎寨"。

　　当时形势比较严峻,临时驻训点很可能要变成长期驻训点。于是我们一边执行任务,一边修建驻训点的基础设施。平时出于安全考虑,边防线附近一定范围的区域被要求戒严,所以那里仍是相对原始的状态,常有蛇虫出没,有时甚至有狼。白天还好说,晚上便增大了防范的难度。战士们便在执行任务之余对营房等基础设施进行修整,以保证基本的生存条件。

　　这些修建的工作有些像以前来新疆拓荒的"老军垦"。不同的是,他们那时多一分条件的艰苦,而我们当时更多一分情势的紧张。

雪 夜 潜 伏

在一线部队的我们经常会接到一些临时任务，无法得知具体情况的通报，所知内容只有时间、地点、任务和要求。有一次我们接到任务，要在某时某地执行潜伏任务。第一次参与执行如此"神秘"的任务，这使我既紧张又激动。

天空中正飘着雪，我们穿着防寒服、披上伪装衣、检查好武器装备，便潜入了夜色当中。为防止暴露目标，我们不能轻易使用手电等照明设备，但凭着雪地对月光的反射，行进并非难事。一同执行任务的老兵们看上去并没有那么紧张，可能对于这样的任务早已习惯。但我作为下连不久的新兵，在安静的雪夜中既要伪装好自己，又要警惕观察周围一丝一毫的细微动静，不知不觉连呼吸的节奏都放缓了。

新疆昼夜温差大，而冬夜的室外更是冰冷彻骨。尽管有防护措施，但当北风吹过身体，仍忍不住一阵寒战。一两个小时过去，呼出的水汽通过防寒面罩打在睫毛上都冻成了冰晶。等任务结束回到营区，大家紧绷的神经终于能放松下来，检查完武器装备之后都扛不住疲惫，一个个倒头便睡。

曾经有一句话这么说："哪有什么岁月安好，不过是有人替我们负重前行。"直到真正成为祖国边疆土地上"负重前行"的一员，我才切身体会到这句话的分量。

军 旅 感 悟

我在部队经历了许多事，酸甜苦辣、百味丛生。很多人对我参军的选择表示不解，认为两年的大好时光并没有换回来太多实际收获。于我而言，部队是一个大熔炉，能为所有进来的人提供环境和舞台，但能否百炼成钢仍取决于个人自身。

我在部队接触到了在学校永远不可能想象的广阔现实，也重新塑造了自己的价值观念和做事理念。部队生活不仅让我的爱国信念更加坚定，也让我在面对苦难时有了更强的勇气与决心。选择参军，这两年我不后悔！

以热血，敬军旅

个/人/简/介

许运佳，男，汉族，1997年2月出生，河北保定人。2016年考入清华大学美术学院，2018年9月参军入伍，服役于中国人民解放军战略支援部队某部，2020年9月退役。服役期间担任警卫班步枪手、绘画兴趣组组长、板报组组长，获评"四有"优秀士兵和"优秀义务兵"，并获嘉奖各一次。在校期间任美618党课小组长、美术学院TMS协会实践部部长、美术学院艺协副主席，曾获国家励志奖学金。

以热血，敬军旅

> 既然选择了远方，便只顾风雨兼程。
>
> ——许运佳

时间，犹如白驹过隙。一眨眼，一年间，还是一瞬间？军旅生涯这趟列车即将到站。而我将再次北上，重返校园。此时两年军旅生涯的点滴犹如电影般一幕幕地浮现在我眼前。

以热血，敬青春

在最好的青春年华里选择入伍是我人生之幸。

在即将离开军营、重返校园的时刻，我脑海里最清晰的画面竟然是自己如何从校园来到军营的。我的外祖父是一名老革命军人，他在我的心中就是神圣、庄严、伟大的代名词。受外祖父的影响，儿时的我心中就埋下了一个军旅梦的种子。

2017年8月，也就是我大一结束时候的征兵季，这个儿时的梦想第一次想要破土而出。我对父母说："我想入伍锻炼自己，我要为祖国的安稳奉献出自己的力量。"而我得到的回答是："不行，坚决不行。刚考上大学，要好好学习，毕业找个稳定工作。"尽管我百般说服，父母态度依旧强硬且坚决，最终以我的妥协告终。2018年8月，校园里的征兵季时隔一年再次开启，园子里挂满了征兵条幅。"好男儿，去当兵""携笔从戎，尽显本色"……这些激动人心的词句再一次直击我内心的军旅梦。我再一次向父母提起此事，父母第一反应还是反对。但这次我没有妥协而是每天缠着父母说服他们，畅想我的军旅梦。或许是父母被我的真诚打动了，也或许是被我央求得有点儿烦了，他们丢下一句："既然你决定了，就去吧，不要后悔就好。"得到父母的同意之后，我回学校报名。之后的体检等一系列流程皆没有出现任何问题，对于我的军旅梦来说，万事俱备只欠东风，就等入伍那一天的到来了。最终时间定在9月10号，只记得入伍的前一夜，或许由于太过激动，我和同学在紫操大谈未来、大谈人生，一夜没睡。

此时的我豪情万丈，一腔热血，在青春年华里作出的这个决定，我相信在我的一生中都不会有丝毫的后悔。

以热血，敬青春！

以热血，敬寒冬

秦皇岛的寒冬练就了我坚韧、刻苦、不服输的品质，我的一腔热血让寒冬不再寒冷。

2018年9月10日，我登上开往军旅生涯的列车，下午到达秦皇岛站。我军旅生涯的第一站新兵连就在这景色宜人，海风拂面的海滨城市。从车站出来登上开往新兵营的军车，一路前行，窗外的烟火气越来越淡，最终到了军营。下车的一瞬间心中的落差感和失落感油然而生，周围只有荒草树木，或许是因为在城市待久了，一时的反差让我难以接受。

进营区、站队、点名、分班。一进营区，班长就抢过了我们手中的行李，任你怎么抢也抢不回来，有一种莫名的亲切感。在新兵连的第一个晚上我睡得格外香，当时天真地以为这就是军旅生活，还不错。事实证明是我太天真了，后面的3个多月才是噩梦真正的开始——操练一天以后夜里睡得正香被叫起来站岗，让人抓狂的夜间不定时紧急集合。刚到秦皇岛时的天气温度还是很怡人的。当时因为太阳还闹了一个笑话：新兵连刚开始是队列训练，一次艳阳天在队列训练时，我直面太阳站军姿，恰逢这几天眼睛有点小伤病，加上太阳光的直射，我的眼睛睁不大，同时还不由自主地流下了几滴眼泪，因为站军姿我也不能伸手去擦，就想着忍一下。而这几滴眼泪正好被班长看到了，就过来问我："怎么了，想家想得都哭了，一个大男人不至于吧。"我赶紧打报告向班长解释了这件事情，这让我们都哭笑不得。

新兵连前半程的训练队列、3公里、单杠、俯卧撑、仰卧起坐等都没有难倒我。这完全得益于清华"无体育，不清华"的优良传统，在学校期间为我打下了良好的基础。而难倒我的是从未接触过的战术和木柄手榴弹的投掷，这两项第一次测试我都没有及格。从此之后的每天午饭后，班长就给我们几个不及格的新兵开小灶，带到训练场去加练。每次时常都在一个半小时以上，爬得膝盖流血，投掷手榴弹胳膊疼肩膀痛，加上此时天气已入冬，寒冷的海风如刀，直逼骨髓，每次加练直至筋疲力尽才结束。皇天不负有心人，最终我在下连测试中全部及格，多项优秀。

而秦皇岛真正给我留下寒冷印象的是新兵连的后半程，举枪瞄准练习和射击打靶那天。由于这些都是趴在地上一动不动，而此时的天气已至真正的寒冬，加上寒冷且无情的海风，我不一会就冻得手脚冰凉，脸颊通红。为了扣动扳机时手指处在最佳触感，我没有佩戴手套。记得打靶归来脸和手都是冰凉红肿的，还会不自觉地流下眼泪（因为天气寒冷）。这段时光让我真正体会到了新兵连的寒冷。而支撑我熬过这个寒冬的是坚韧不服输的信念，心中的一腔热血让寒冬不再寒冷。

以热血，敬寒冬！

以热血，敬军魂

无论以后脱不脱下这身军装，一朝为军人，一生为军人。

2018年11月20日，这天起床后，我一改以往的迷彩服，穿上了冬常服。通知上午到礼堂进行新兵授衔仪式。得知这个消息时，我内心激动无比，这意味着我马上就要成为有军衔的兵了，因为只有被授予军衔的兵才是真正的军人。全体新兵面对军旗宣誓，同时我也有幸被选为新兵代表上主席台接受首长的亲自授衔佩戴肩章。也正是从此刻开始我才成为一名真正意义上有军衔、有军籍的中国人民解放军军人。

以热血，敬军魂！

以热血，敬岗哨

在这里熬过了前20年没有熬过的夜，见证了南京24个小时中的每一时刻,一家不圆万家圆。

2018年12月24日晚,我终于下连了。今晚是西方文化中的平安夜,我也平安地到达了连队驻地。此次乘军车前行的路上与去新兵连的路上大不相同,经过新兵连的淬炼,我内心已更成熟、稳重,没有了患得患失的紧张感。一路上窗外车水马龙,灯火通明。记得刚来时,队长就和我们说:"我们是一个密级很高的单位,大家的保密意识要高。希望你们以后做人做事都保持谦卑、低调的态度。"这些话我至今都铭记于心。

在这里我发挥自己的专长,承担了春节、五四、八一、中秋和国庆等节日或者任务期间黑板报宣传工作,同时也利用训练之余的时间进行篆刻、绘画,向上级单位新闻快报文艺板块进行供稿。

在新连队的我,被分到了警卫班,成为一名警卫步枪手。而随后的日子并没有比新兵连轻松多少,每天的3公里、单杠,偶尔的5公里和业务知识的学习与实操,当然还有每晚7点雷打不动的新闻联播。其实我很感谢这些制度,它拓宽了我的视野,以前的我并不关注社会和国际间的事情,新闻联播让我了解了很多。作为警卫的普通一员,每天的站岗执勤是必不可少的,而每次执勤都要穿戴20斤左右的装备。在站岗期间是非常无聊枯燥的,不能说话,不能乱动,要注意力集中,有时会站得腿疼、腰痛、胳膊疼。刚开始的时候觉得这些没有意义,没有发挥自己的最大价值,这时自己内心很煎熬。我冷静下来后想了很久,其实无论从事什么岗位都是一样的,都是在为国防事业奉献自己的力量,岗位不同,意义是一样的。自此以后,心中没有了纠结,每次站岗执勤都本着"在位一分钟,站好60秒"的态度高标准。高质量地完成每次执勤。虽然我的工作岗位很平凡,但是绝不平庸。我们关系着营区的安全,是营区的第一道防线,也是最后一道防线。

以热血,敬岗哨!

以热血,敬使命

军人以服从命令为天职,闻令而动,不辱使命,勇挑重担。

2019年某天饭后，一声哨音紧急集合，宣布命令，参与某重大任务。整个任务期间，所有人同心协力，勇往直前，高标准地完成了这次任务。事后，有人回忆说，这是从军十几年来第一次遇到这样的重大任务，军旅生涯圆满了。这次任务对于我来说是一种考验，是心理上、生理上全方位的考验。我在两年的军旅生涯中遇到这样的任务也是我的幸运。

以热血，敬使命！

以热血，敬校园

不负军旅也定将不负校园时光。

两年的军旅时光即将结束，马上要重返校园继续学习。两年的军旅让我经历了太多，成长了太多：血性、担当、坚韧不服输和人情世故，以及对于细节的把握。入伍以后才发现校园时光是多么美好，无忧无虑，甚至觉得之前两年的校园时光有些虚度，没有很好地处理一些事情，欠缺对于时间的管理，在这里两年的历练对于时间管理的方法和处理事情的技巧我已经深入骨髓，相信以后的校园生活会更加游刃有余。吃过了军旅的苦，才发现还是学习的苦好吃。我必定怀着在军营的一腔热血投入到校园生活中，我的军旅无悔，也必定不负未来校园时光。即将重返校园的我，定将把握住每一分每一秒来学习、充实自己。让未来的校园时光过得充实且绚烂多彩。

以热血，敬校园！

在军营中被问及最多的就是：你为什么要入伍？安安稳稳地上完学，找个工作一切顺利不是挺好的吗？

那么我的回答是："因为心中有信念,我不想按部就班地生活,我想让自己有限的人生有更多的可能,有更多精彩的故事,为国防奉献自己微薄的力量！"

而被亲戚、朋友问得最多的是等你退伍回去再上学年龄都那么大了，等你毕业再工作已经被你的同龄人丢下了两年，你觉得值得吗？

我的回答是（借用之前一个特别火的视频中的话）："25岁才拿到文凭，

依然值得骄傲；30岁没结婚，但过得快乐也是一种成功；35岁之后成家也完全可以；40岁买房也没什么丢脸的，不要让任何人打乱你的节奏。"年龄不是自我设限的理由，如果用别人的节奏来要求自己，放弃自己所爱，那么最后的结果就是：永远过的不是自己想要的人生，而是世俗的人生。

以热血，敬军旅；以青春，献国防。

青春无悔，人生无悔！

一棵沙漠中的胡杨

个/人/简/介

徐黎闽，男，汉族，共青团员，1996年9月生，湖北黄冈人。2014年考入清华大学数学系，2015年入伍，服役于中国人民解放军某部队，2017年退役。服役期间荣获两次"优秀士兵"，以及"旅优秀先进个人"和"团战狼型官兵"称号。

人没有没办法的时候，人说没办法，都是逼得不够；逼到份上了，也就有了办法。

——徐黎闽

2015年9月12日，读完大一的我带着满腔热血来到了原成都军区红军师装甲团，成为一名新兵战士。已过数载，进军区那天的漫天细雨仿佛还历历在目。所有男孩都有一个军装梦，受早年文学作品与影视作品的影响，我也渴望成为"兵王"，渴望在烈火中穿梭，在风雨之中跋涉。来到军营的都是热血男儿，都渴望建功立业，我也是。

极限挑战，热血受挫

然而，新兵连时我的热血梦就遭遇重挫。在野战部队，体能是很被看重的一项。由于带兵方式的改革，我们这届新兵在新兵连经历了前所未有的"魔鬼训练"。在这里每天的时间表都被体能训练填满。我们总要比规定时间早起1个小时，即5点30分起床叠被子，6点30分出早操进行体能训练，7点收操整理内务，8点进行操课训练。中午的午休时间只能叠被子，下午继续进行操课训练，5点至6点进行体能训练。在7点30分观看完新闻联播后，依旧要进行体能训练，9点点名，9点10分左右开始继续体能训练。甚至，10点熄灯后，为了尽快提升新兵的体能素质，10点至11点也会安排夜间辅助训练。

那个时候每天睡不够、吃不饱，洗不了热水澡（只有表现好的人能一周洗一次），全身上下疼痛无比。排里4个班长总是在我们面前大声说："搞死搞伤搞残废,争取搞进卫生队。只要练不死,就往死里练。"他们经常讨论："哎,今天下午是负重5公里呢，还是8公里？10公里？12公里？"我们都知道，如果跑慢了不仅不能吃饭，还要站军姿。晚上要做3个"500"（500个深蹲，500个仰卧起坐，500个俯卧撑），刚开始我仰卧起坐做到30个就再也起不来了，俯卧撑就只能做20多个。由于我们做得不够标准，班长就让我们用拳头在柏油路上做拳头俯卧撑。起初,撑都撑不起来,班长为了激励我,就会说:"清华的学生都是你这样吗?你就这么没用吗?"

委屈在心里流淌,疼痛刺激着神经。我忍不住对自己说:什么建功立业,什么荣誉,什么热血梦!回去吧,这样的日子怎么熬!但我并不敢说我想回家。想想当初我花了那么长时间说服家人来到这里,我怎能因为痛和累轻言放弃?

苦苦坚持,重获新生

坚持,坚持,再坚持。战胜了疼痛,一日复一日的坚持,使得我逐渐适应了部队高强度的训练和艰苦生活。可每当早上起床叠被子时看着远方天边的晨星,我总是问自己,这样日复一日什么时候是个头?我的手因为拳头俯卧撑有了10个小洞,冬天流脓。当时班长带我看卫生员,卫生员说,这需要静养一个星期。班长眉头一皱:"休息什么,晚上继续加练!"

3个月后下连,我终于摆脱了新兵班长的折磨,而此时的我还未体会到新兵班长的用心良苦。后来回想,正是这3个月的"魔鬼训练"给了我强大的意志力,使得我在后来的日子里能够坚持下去。

而这时的我没有了初入军营的热血,我对自己说,日子太难过了,训练太辛苦了,我还是混过这两年吧。"是的,混过这两年吧,"我下连队时这样对自己说,"三等功,优秀士兵,嘉奖,这些都见鬼去吧!"倘若真如这般,我将会毁了自己,我将会成为"百无一用是书生"的典范,我将会在这两年义务兵生涯里碌碌无为,带着遗憾回家。但是我遇到了我的新班长,老连队最帅的、最年轻的班长。

老马识途,相见恨晚

老班长姓马。马班长拿着我们的成绩单(5公里,22分41秒;引体向上,20个;手榴弹投远,29m,未及格)说:"你们这成绩不行,在同年兵里不仅不突出，反而是中下等，而我将会使你们成为强者，三连的最强者！我们二班，只要第一，不要第二。"我的心波动了一下，又迅速归于平静：你拿什么来提高我们？而他用实际行动模范带头，每天早起一小时带我们搞训练：冲圈、冲"绝望坡"、负重跑、冲楼梯、蛙跳。每天早上，在别的班还未起床时，我们的后背早已被汗水湿透。随着成绩的一天天提高，我沉寂的心又开始跳动。后来，每次冲"绝望坡"时，我都想起班长一句话："这道坡上你们付出多少汗水，终将会有多少收获。"每次他都安排7个人在后山等我（7圈刚好5公里），测5公里时让他们追我。我害怕被追上，每次都玩命地跑，时常下来后两眼发黑，口吐苦水，但我竟然喜欢上这种感觉。后来我们去沙漠训练3个月，3个月里班长每天都骂我。我当时很难受，因为我很多事做得比别人要好，但他还是骂我不行，而对班上另外两个列兵几乎不置一词。总有那么几次，我干完活，已经疲惫不堪，夜晚回来和他报告，他不表扬我，反而一顿批评。这时候我总是想撂下挑子和他说：我不干了！甚至有时想用武力一解心中怒气，但是他满身肌肉总是会瞬间打消我的嚣张气焰。

那个时候，我们在野外站哨，大半夜会有狼出没。我们没带枪，作为一名列兵，这时会感到害怕。班长说："等会狼出现时，你躲在我身后。"站哨时又冷又孤独，我和班长总是聊起天。后来，班长还是会骂我吼我，但也会对我鼓劲加油："清华（大家对我的代称），这次训练回去后，你把你的体能好好练一下，争取能拿团第一，这样你就有机会参加师比武拿三等功了。当兵两年总得带点什么回去，你就带这个回去。这次训练回去后我亲自操练你，你要做好思想准备。"我弱弱地回答："班长，那太难了！"班长两眼一瞪："你到底有没有用？有我在，保证你可以！"我想，彼时班长一定像在守望一棵胡杨，看它历经磨难，看它茁壮成长。

沙漠之约，日久弥坚

在沙漠训练时，班长一直和我站同一个哨——他是哨长，我是哨兵。在大漠黄沙中，一个6年兵，一个1年兵，就这样许下了约定。演习时，8天

清华园里的退伍老兵（第二辑）

我们只发了两个面包、两根香肠、两个鸡蛋。当我饿得眼睛都睁不开时，班长把他的一份儿给了我吃。连队有大项任务时，他总推荐我上。演习中大雨倾盆，我在雨中等了一个小时，全身上下湿透，只为给班长打一碗热乎的面条。当我打出首发命中的好成绩时，我望向班长，我们相视一笑……

终于回营区，兑现约定的时刻来了。重庆炎热的夏天，我背着负重沙袋跑10公里、冲楼梯、冲"绝望坡"、蛙跳。我的背心每时每刻处于湿透的状态，5公里定格在17分49秒。与此同时，我的体能飞速提高，离班长当初对我的期望越来越接近。然而临时接到其他任务，同时师比武集训取消，这个约定没有成为现实。两年的义务兵生涯里我仅有的一次机会消散，虽有遗憾，但未曾后悔。

互诉衷肠，陌上花开

我很奇怪，从下连那天起，班长总和我一起。站哨一起，执行任务一起，训练一起，拉练时也一起住同一顶帐篷。2016年年底，我成了上等兵，又是一次去拉练，我心想这次会换新兵和他一起，但最终还是我，我并不懂为什么。拉练第三天，我早上出公差未吃早餐，集合时班长就发现我不在，他自己没有吃饭，而是转了几圈找到一个小摊买了一袋包子给我当早饭。拉练第四天夜里2点，班长和连长讨论完事回来，我被惊醒，班长并未立即睡下，而是坐在帐篷里，对我说："清华，你知道的，你班副就是我的左手，他退伍了我的左手没了，他的那个三等功一直是我心里的痛。你知道谁是我的右手吗？"我当时想："难道是我？"班长说："是你，我培养了你一年，我带着你提前起来跑步，是我当班长以来第一次。明年你要退伍了，我又会失去我的右手。当初下连时，你新兵班长都没要你，只有我要你，你知道为什么吗？"我摇头，心想可能是因为自己很差吧。"因为一个铁定要退伍的人，花时间去培养不值得。那你知道为什么我选了你吗？"我还是摇摇头，心想："难道因为我是清华大学生？""因为当时在新兵连时你叫了我一声班长好。"我有些疑惑："难道就因为这？其他人也应该叫过。"班长说："当时所有人里面就你拳头俯卧撑做到手烂化脓了还在坚持做。你可能不知道,当时你新兵班长看你的手时,我也在旁边看。你应该知道,我对你的培养力度最大,对你也最严厉,我罚你、骂你是最多的,我对你的要求也是最高的。我想不仅是你,连队所有人都知道,我对你是偏爱的。你知道为什么吗?"我:"不知道。""因为你傻,因为我喜欢你呀。"听到这句话,一瞬间我心化了,暖暖的、湿润着,心田上开满了花。

  回望两年的部队经历,我十分坚定地认为,我做了正确的决定。我明白了一切的磨难都无比宝贵,也明白了"哪有什么岁月静好,不过是有人在替我们负重前行",军人正是这样一群可爱的人。很感激能和他们一起共度两年时光,很幸运能遇到可亲可敬的班长和战友们,很欣慰我能坚持到底和很多热血男儿一样实现了自己的军装梦!

做那奔涌的浪花一朵

个/人/简/介

邓明鑫，男，汉族，共青团员，1999年1月出生，江苏盐城人。2016年考入清华大学水利水电工程系，2018年9月入伍，服役于中国人民解放军海军航空兵某场站，2020年9月退役。服役期间表现优秀，担任该场站医院军械油材员兼文书等职务，被评为"优秀义务兵"，获一次嘉奖。

学道谦让，不矜不伐。

——邓明鑫

人 群 中 人

长久以来，我的几个常用软件的个/人/简/介都是"人群中人"，这个词源于爱伦坡的一篇短篇小说《人群中人》。我用这个词倒是没有牵涉书中的精神荒原或是达到终极关怀那样的高度，只是表达我也是小说里形形色色普通人中的一个罢了。

我所在的水利系有一位退伍回来的学长，系公众号对他进行了采访，推送的正文第一句话让我印象最深刻："我这个人真的挺普通的。"

清华既教会我正视自己的普通，也鼓励我去追求精彩。

总需要一点情怀

清华人入伍总绕不开这么一句话，清华园里的退伍老兵在写回忆时也绕不开这样的一个话题，"你一个清华的，为什么来当兵？"当然，对每个新兵来说原因都不尽相同，清华的新兵与其他的新兵相比又是大相径庭，对于我来说，则无外乎"情怀"二字。

犹记得小学语文课本上有一段《在那桃花盛开的地方》的歌词，"为了你的明天更加美好，我愿驻守在风雪的边疆。"也许从那时起，插画里那个伟岸英姿就深深印在了我的脑海里。后来我慢慢长大，知道了更多建军治军的峥嵘岁月。每当看到"99炸馆"、"银河号事件"等屈辱，投身到国防事业的愿望就愈发强烈。但囿于现实，我也只能循规蹈矩且略带迷茫地过活。

2016年刚刚踏入清华园时我便知道园子里有这样一支队伍：沐朝露、伴夕阳的国旗仪仗队，我毫不犹豫地报名参加选拔，然而由于一些个人原因没能走到最后——尽管是当时的必然选择，但多少还是有些遗憾的。最终选择暂时放下所有而参军入伍，也算是补上了这一点缺憾。

2018年学校的征兵宣讲会上，一位老兵谈到这个话题时这样说："不管你们为了什么目的参军入伍，多少还是需要一点情怀的。"于是在我19岁这一年，携笔从戎守护一方的情怀终于被彻底激发出来，"也是该走一点不一般的人生路了"。自然家里是反对的，我也知道他们会反对，所以一切都是先斩后奏。2018年3月联系武装部的吕冀蜀老师咨询入伍事宜，当时主要担心近视，最终能顺利戴着眼镜入伍也确实是麻烦了吕老师许多，想起来很是感激。

现在回头看看这个决定还是有些唐突的，越长越大，离家也愈来愈远。尽管有国才有家，但"父母在不远游，游必有方"，即使是去追寻自己的情怀和理想，也还是需要和家里人商议的，这是后话。

尊　　重

常说"秀才遇到兵"，作为一个当兵的秀才，还是顶着清华光环的秀才，不得不说压力挺大的。当那些班长们得知我来自清华，明显能感觉到他们有一种尊重——后来才知道在部队这个资历极重的地方，这种前辈对后生的尊重是很难得的。虽然实际上我并不想和别人有什么差别，更深层次讲也有一丝顾虑——假如我做得不够好呢？起初几天一有空闲时间我就会想，就像《火蓝刀锋》里的主角，"盯着自己看，慢慢你会发现不认识自己"，也在想"我会是成才，还是许三多？"

再多的思考也都是自己的事。"听其言而观其行"，别人看的是你的行为。光环也是压力，压力也是动力，在所有的训练里我都不敢丝毫懈怠，10月底的泳池里泡半天、拖着伤腿也跑步照常……慢慢地，别人的尊重不再是因为你的背景和来历，而是在想起你这个人、想起你的意志和作风时，从心底的一种认可。

什么是意义

入伍前辅导员送给我一本《士兵突击》，寄语"做有意义的事"。我入伍之后直到现在,也是一直在琢磨"意义"这两个字。

刚入营要压被子,豆腐块不是拿个被子卷巴卷巴就出来的,基础都是平铺在地上用肘部擀压,一点一点压实,一压就是很多天,基本每个人的肘部都磨破了皮,豆腐块都是"血豆腐"。这件事情光看过程会觉得太过形式主义,但是在入营之初就是需要这样来磨炼心性,磨掉内心的躁动,才能给所有训练的开展打个好底子,这就是一件普通小事的意义。

部队特色的"大锅饭"起初是一个让我很反感的东西,自然这样的反感无济于事,在其中就得认清现实。新兵生活才开始,大家对经常咆哮和安排加练的X班长或多或少有点意见。某次看到我们很累很累时依然自发地唱起歌来,他主动向我们敬了个礼:"今天我才看到你们兵的样子。"再到后来不管是加练还是惩罚,再也没有什么抱怨的情绪,只有一种一起把事情干好的信念,我也从中感受到了士官骨干的一种意义——凝聚战士。新兵三教九流都有,有精钢、有锈铁还有废渣滓,要让一个团队增强凝聚力、发挥战斗力,在领导者的角度必须把各种材质统统扔进炼钢炉,再拿出来锻打。但是如果我们只从自身角度出发,自然是跳不出"无意义"的心结,甚至日渐充满负面情绪。

以前觉得"意义"是有所得,现在看来过于狭窄,军营的许多事教会我更多层面上的"有意义"。慢慢地,遇到更多不那么顺心如意或是比较琐碎繁杂的工作,我也会更加积极地去看待,尽自己所能去完成。"争取把普通的事情做好",其实就是简简单单的意义。

岫浓翠合,林虚桂静

我一直关注军事,所以对部队生活有一定心理准备,饮食、起居、训练等适应起来还是比较快的,而在这之外倒是另有惊喜。军营生活十分单调,或者说这里不需要你的思考,上传下达、听令而动、简单机械,但却很意外地给我一种思想的放空,"结庐在人境,而无车马喧——心远地自偏"。

大学一位喜欢哲学的室友偏爱夜晚读书,他觉得在夜深人静的暖黄灯光下享受这时光的流逝是别样的美好。我在乡村老家时，周围阡陌纵横香樟环绕，披一身如银月色，张开手指划过夜风，浓浓静谧当中更容易跳出小我，想想天空与远方。因而我也一直以为只有林虚桂静中才能激发更本原一点的思考，却没有预料来到部队也能有相似的体验，甚至因为生活的惯常而使思绪变得更加深邃而持久。

在士兵摇篮（新训基地）的那一方天地，吹着暖咸海风看着夏末浓翠，再到秋高气爽下的尽染层林，人的自然属性悄然苏醒。十一那天早上，月亮悬在西侧，天空淡蓝空阔，明月清晰可见，想着秋分过后地球的位置，倏地就有"寄蜉蝣于天地，渺沧海之一粟"的感觉，很是奇妙。基地在山下，秋冬季节格外注重森林防火，在山上站防火哨会有难得整个半天的自由支配时间，不需要担心下一秒哨声响起。紧张的心跳放得平缓，俯瞰山西边的烟火气，眺望东南的海，那时的思绪如不系之舟，自成一方天地。

虽然这般心情在日常的生活里也能间或感受到，但是无法像在军营里这样，连续数月几乎日复一日地去体会。"世之奇伟瑰怪非凡之观"亦并不皆在险远，"仰观宇宙之大，俯察品类之盛"的心境却多为人之罕至。不得不说，这的确是军营给我的最特殊、最难忘的馈赠，可能以后再也不会有这样自由如风的心境了。

我的祖国和我

作为共和国的军人，没有谁不想走上天安门广场接受主席的检阅，但是很无奈，身高这些硬件条件挡住了包括我在内的太多人。神奇的是70周年国庆中，在校的很多同学、朋友们都参加了群众游行，看到他们完成任务解除保密时晒出的证章，我的心里还是有点点失落。

恰逢《我和我的祖国》上映，同名主题曲响遍大江南北，在听到那句"我的祖国和我／像海和浪花一朵"，顿时又释然了——我作为共和国的一名战士，守卫在东部海防线上，身后是举国欢庆灯火辉煌，又有什么荣誉能比这还让人感到热血沸腾呢？又像新兵时站在山上哨位，看着余晖散尽天际黯淡，山的那边华灯初上烟火升腾,不由地想起很小时候看的一部军旅片《第五空间》:"我们守护的就是身后的万家灯火!"

正如一开始的"人群中人",不管是普普通通的个体,还是平平淡淡的生活,也不论是进入部队守护一方,还是脱下军装回到地方,我们始终会是某个岗位上的一颗螺丝钉,只有无数个零件协同运作起来才能驱动一个大机器滚滚向前。"善战者无赫赫之功",以前有文章说"要坐得冷板凳才能有大成就",但是要厘清,无论会不会有大成就,这都应该是一种始终如一的态度,"不伐己功,不矜己能",在平淡和琐碎的生活中日复一日去做好自己的本分。

跋

就像一开始"人群中人"定的基调,整个文章的内容就是比较平淡的,而我的军营生活确实也没有什么波澜壮阔和纵横捭阖。本来有一本新兵阶段的日记,但是写文章时已经寄回家中,只能凭记忆写一些印象深刻的事情,其余没有写的大抵也都是平淡如水的。

虽然军旅总和国家民族相关联,但是文章倒也没有刻意去拔高到家国层面,因为不论情怀或是思考,我想展现的就是最真实的生活:把普通的工作做好,在这之余遇到了些许触动做了一些联想,从而也有一些美好的回忆,已是难能可贵。

好男儿,当兵去
——致我终将逝去的两年

个/人/简/介

刘湘,男,土家族,共青团员,1999年7月生,湖南湘西人。2017年考入清华大学新闻与传播学院,2018年9月入伍,服役于中国人民解放军某部队,2020年9月退役。服役期间表现良好,被评为"四有"优秀士兵,并获嘉奖。

好男儿，当兵去——致我终将逝去的两年

如果还有一个人没有倒下，那个人一定是我。

——刘湘

一

"湘哥，在部队过得咋样，想不想念清华的麻辣香锅啊？"

"龙哥，我在这儿一切都好着呢，马上就要回去了，怪舍不得的……"

"到时候可要去送送我啊。"

"咋了，你这不是明年才毕业吗，送你去哪儿啊，不上学了啊？"

"我也打算先休学两年，去部队接过你的强军接力棒啊！"

"你也要来当兵？"

突然，时间在脑海中加速后退，记忆拉回了两年前。

当时还在上大一的我，突然做出了一个让所有人都感到震惊的决定：休学两年，参军入伍。这在旁人看来似乎是有些难以理解，在中国最高学府享受着最优质的教育资源，毕业之后前途一片光明，何必要去部队"自讨苦吃"？但选择当兵，在我看来却是意料之中的事情。

刚进入清华园，身边的师长就告诉我们："清华足够大，给你无限种可能，你们要勇敢大胆地去探索自己的未来。"我是一个比较慢热的人，在清华兜兜转转一年时间，似乎并没有找到自己的热爱和方向。正当我对周边的环境感到无所适从的时候，学校武装部开展了征兵宣传工作。看着退伍回来的学长学姐身上与众不同的气质，眉宇间透露出的英气和眼神里流淌的坚定自信，这些都深深吸引了我。后来通过学校武装部了解相关政策，又咨询了退伍回来的学长学姐，我当即做出了这个人生中重大的选择——好男儿，当兵去！我想通过在部队两年的打磨锻炼来丰富自己的人生经历，不断沉淀自身，更好地去探寻人生的价值和意义，进而做出无愧于时代的人生选择！

想起这些，我的嘴角不禁微微上扬。

"对啊，就准你去，还不准我去啦。"

"那敢情好，回去一定要好好聊聊，我一定送送你。"

清华园里的退伍老兵（第二辑）

"部队的生活咋样啊，是不是天天都飞机坦克、演习演练啊？"
"这可能跟你想得不太一样，你可得想好了。"

二

2018年9月，接到入伍通知书的我坐上南下广州的高铁，穿过华北平原，跨过黄河长江，两边的风景飞也似的往后退去，难忘的新兵营时光加速开启。

也许想象中的军旅生活就如同影视宣传片里的那样熠熠生辉——一身戎装，金戈铁马，豪情万丈。但真实的生活却是有毛边的。

我在新兵营学到的第一件事就是——不要轻易地被琐事垮，而是要在琐事中寻找快乐，寻找意义。要学会在平凡中默默积蓄力量，不断追求卓越。

新兵蛋子刚到部队，生活都很艰辛。每天5点半起来叠被子，整理内务，洗漱，打扫营院卫生，开饭，吃完饭就开始训练，中午就用马扎去压被子，没有休息的时间，下午、晚上还得继续训练，就连熄灯之后都得搞完体能训练才能睡觉。倒不是说吃不了这些苦，只是一开始在我看来，这些枯燥重复的工作都是在浪费时间，很多制度看起来也并不合理。我来这里是为了当兵打仗，保家卫国的，当兵不就应该是一身戎装、驰骋疆场吗？

那时刚到部队，还未摆脱身上的学生气，后来才逐渐意识到，其实高强度、快节奏还有激情万丈并不是部队生活的常态；相反，叠被子、走队列、站岗执勤、枯燥重复的训练和公差勤务才是生活最真实的模样。我常常问自己，如果连这些小事都做不好，连这点枯燥都忍受不了，就这样被轻易地击垮，当有一天真的站在更加残酷的战场，我能打得赢吗，我会不会一样被轻易击垮？

这些事情看似毫无意义，实则磨炼心志，涵养性情。况且人的自律自觉不具有恒常性，光靠自身素养，刚入伍的新兵很难成为部队需要的、在任何条件下都绝对服从、绝对忠诚、绝对可靠的士兵，所以正是这些看似不合理的锻炼培塑了新兵的服从意识和号令意识，"一人生病，全家吃药"看似蛮横不讲道理，却在无形中增强了团队凝聚力，有力惩戒了犯错者。部队有一句话很有道理：合理的是锻炼，不合理的是磨炼。经过这道道锤炼，我们才形成过硬的作风，实现了从社会青年向合格军人的转变。

当然，新兵营并非都是紧张的训练和压抑的生活，这期间会发生许多有趣、甚至值得一生铭记的事情。新兵营的训练强度很大，每个人都饭量大增，拳头大的馒头一口气就能吃下去五六个，有时还会在衣服口袋里偷偷揣几个带回去，等到饿的时候就拿出来，大家围坐在一起，一人扯一小块分着吃，馒头在口腔里咀嚼化开的香甜，是这辈子都忘不了的味道。同班战友的兄弟情谊，也是这辈子都值得珍惜的。

"如果怕苦怕累的话就不会去当兵了，放心，我都想好了。"

"那就好，可能一开始的生活确实会比较差劲，让人难以适应，但请你务必要享受这些成长的痛苦，合理的是锻炼，不合理的是磨炼。过程虽然痛苦，但你只有将自己完全打碎，才能实现重塑，等你来这儿了就都知道了。"

"谢谢湘哥，那你这两年咋样，都有啥收获啊？"

"我这两年……"

被问到这个问题时，我竟一时语塞。一阵恍惚过后，眼里突然泛起泪花。

两年前那个不满 20 岁，满脸青涩，还有点腼腆的毛头小子如今竟已成长为一名让祖国和人民放心的英姿飒爽的好战士。

我揉了揉眼睛，笑着说："我这两年，收获可真不少。一副强健的体魄，一颗永不放弃、坚韧的内心，一群志同道合的过命兄弟，一次获得社会认可的基层工作经历，一种集体意识……最重要的是你会结识很多良师益友，可要向他们好好学习咧。"

三

军营是所不一样的大学，在这里没有学术，没有科研，没有自由烂漫的生活，但不变的是，在这个别样的课堂上，你同样能结识数不清的良师益友。

在部队这两年，有 3 个人对我影响最大。

第一个对我产生重要影响的人是部队政委。政委是一个富有传奇色彩的人,年轻的时候当过特种兵,参加过侦察兵比武,立过一等功,在维和部队当过参谋长,后来又做了政工干部,在组织、宣传、干部、纪检各个岗位锻炼,这一张张熠熠生辉的标签,让我不禁心生敬意和崇拜,但如鱼饮水,冷暖自知,政委能在这里举重若轻地将自己的经历一一道来,个中的艰辛、奋斗、苦痛、挣扎恐怕也只有他自己最能体悟到。

他希望我们也能勇敢地挑战自己,走出自己的舒适区,人只有在不断地"自讨苦吃"中才能成长、进步。

后来陆陆续续和政委聊过很多次,每一次都能带给我很多触动和不一样的思考,这也让我的内心逐渐从幼稚走向成熟。政委就像海岸线上的灯塔一样,总能在现实的迷雾将我层层包裹时,为我拨云见日,指明方向,给人继续向前的力量。政委成为影响我两年军旅生涯乃至一生的人。

第二个对我产生重要影响的人是我的班长老盛,初见这个眼睛小小、身材不高、络腮胡爬了一脸的班长,很难让人把他和3公里9分多钟,单杠随随便便30多的形象联系起来。但若是仔细一瞧,那双小小的眼睛射出的却是鹰隼般锐利的目光,让人不敢直视。

盛班长不仅军事素质叫得响,综合素质更是全面过硬。在主责的专业领域,他总能够高标准地超额完成任务,专业成绩在我们整个单位更是名列前茅。除了扎扎实实做好本职工作,在其他各项工作中,他总是扑下身子冲锋在最前线,整个单位但凡提起老盛,没有人不竖起大拇指的。

班长是军中之母,他们在潜移默化中影响着每一个士兵,可以说,他们如何,我们整个部队就如何。很庆幸两年军旅生涯遇见了盛班长。他是一个好兵,也是基层模范带兵人,他用实际行动向我诠释了什么是军人的血性胆气,教会了我一个兵该是什么样子。

第三个良师益友是我的同年兵卢大哥。其实一开始我并没有注意到他,但每天早上扫地的大军当中动作最麻利的那个、训练场上最拼命的那个、平时最喜欢帮助别人的那个、说起话来铿锵自信有一种大义凛然之感的那个,没错,就是他了。

能被我们叫大哥,不仅是因为岁数大,更是因为他乐于助人,做事公允,为人正直,就像兄长一样照顾着我们。都说同年兵感情最深,下连后我和他成了最好的朋友。他不仅给我两年的军旅生活带来了温暖和感动,从他身上我也获益匪浅——乐观积极、踏实做事、真诚待人,都是他教会我的最宝贵的东西。

四

回想起来,部队两年所给予我的成长锻炼俯拾皆是,不胜枚举。我就像是汇入大海里的一滴水,而一滴水,也只有融进大海里才能永不干涸。同样,个人只有融入集体中才能收获成长、进步,才能在时代的大海中掀起惊涛骇浪,干出一番无愧天地的事业。

"部队是个大集体,是青年人成长成材、实现人生价值的绝佳舞台,有志青年有机会一定要去部队成长锻炼!总之,两年后,你一定会更有信心去把握自己的未来!"聊起部队,我突然变得滔滔不绝起来。

"说得我都有些迫不及待了呢,湘哥,9月份咱们北京见!"

"一言为定!"

两年的时间飞逝而过,回想起其中日日夜夜,酸甜苦辣一起涌上心头,不禁感慨万千。

这段时间里,因为想当兵而来向我咨询的人络绎不绝,看着他们,既有感慨——两年前的自己不就同他们一样怀着希望,跃跃欲试吗?也倍感欣喜,有了这些源源不断注入的新鲜血液,国家强军目标的实现指日可待!

好男儿,当兵去!

最后,就写一首诗送给自己吧:

从军行

意气风发少年郎,怀志入伍把兵当。
十万大山脚丈量,八桂大地已成钢。
两载青春倏忽过,钢枪伴我戍南疆。
保家卫国终不悔,纵死犹闻侠骨香。

第三章　血性

血性是人生的原色。少年当有血性，军人更应当有血性。血性是军人的图腾，有血性的军人敢拼，"像作战一样训练，像训练一样作战"；有血性的军人敢上，为战争而生，为和平而死是我们的职责；有血性的军人敢赢，战必用我，用我必胜！血性源自奔腾于皮肤下的热血，在一次次磨炼中愈加滚烫。

建筑学院江永澎在茫茫戈壁学会苦中作乐，混着风沙的饭菜、演习时身处的广阔大漠令他难以忘记；美术学院王壮壮在-20℃的寒冬中拉练，在满是乱石的靶场匍匐前行，衣服和伤口黏在一起，他却更加坚定；水利系罗平为了成为合格的海军陆战队一员，喝下去的海水足以撑破肚皮，刚结痂的伤口又被泡烂；材料学院韩宝瑞在朱日和接受主席检阅，内蒙的烈日，晒伤的皮肤，都是淬炼成钢的珍贵记忆；新闻与传播学院周心涵爱上了破障艇，把这艘装备学了个透彻，得到了大家的认可；化工系王斐在高原演习中经受7个小时的寒风苦雨，偶遇一匹野狼悠哉穿越阵地；经管学院刘天寒为了打破"清华士兵只需要笔上功夫"的偏见，拼命锻炼自己，培养全面综合能力，以自身的成长与素质获得认可；经管学院郭婧主动申请转役女子特战队，一次次爬绳到两臂抽筋，又从攀登楼纵身跃下，克服内心的恐惧；化工系李春龙在倒功训练中磨砺血性，即使浑身酸痛也绝不退缩半分；土木工程系何敏敢做难事，选择成为一名富于挑战的侦察兵，一瘸一拐还要坚持训练，练习射击直到废寝忘食。

石可破也，而不可夺坚；丹可磨也，而不可夺赤。退伍不褪色，褪下军装并不意味着抛弃一身胆气与血性，它仍会是面对未来生活的力量，它仍然在我们胸中荡漾，成为最热烈的呐喊，"若有战，召必回！"

冰　镐

个/人/简/介

韩宝瑞，男，汉族，共青团员，1995年8月17日出生，江苏连云港人。2014年考入清华大学材料学院。2015年9月入伍，曾服役于中国人民解放军38集团军某团，2017年9月退役。服役期间两次被评为"优秀士兵"并获嘉奖，2017年参加朱日和阅兵。

5 公里包治百病。

——韩宝瑞

当初想，如果考不上清华，我就当兵去。造化弄人，最终我还是超录取线一分来到了清华。

本以为这个遗憾要伴我终生了，没承想上帝为我打开一扇窗的同时，还把门给我留着——2015 年，我在学校看到武装部的征兵海报，当机立断，不用多想了，当兵去！

现在回想起来，那两年格外梦幻、美好、刺激。从热地出走，于静处思考，军营里的段段记忆记录了我的成长，也为我铸就了一把足以在未来也能时时使用的冰镐，铸就了创造不凡的勇气。

一、绿油油的一枚新兵蛋子

朋友说暖春已经到了，我不知道
我不知道鸽群已经飞在原野上空
我不知道它们在呢喃中托付了整个春天的种子
而它们依偎着踱步，不多久又飞走了
在还根本没被那个慢性子的男人看到时
它们就飞走了

这首诗写在 2016 年 2 月份。从入伍后，我将近 6 个月没有迈出过单位大门一步。有一次站岗，我看到许多鸽子在我们营区的几个楼顶上追来追去，想起这个时候外面应该已经转暖，或许有一些花已经含苞待放了，心里不免有些落寞孤寂。尤其作为大学生士兵，我想到自己的朋友们在踏春、谈恋爱、参加各种社团活动，而自己却只能成天和一群大男人摸爬滚打一身脏，心里滋味更是难言。那段时间我还写了另外一首小诗来自嘲：

星辰转动它们的发条梦
用玫瑰、南瓜和胡萝卜酿成美酒滋润彼此的嘴唇
而我在夜风中裸露自己清凉的额头
耸耸肩
身边没有恋人,也没有猫

诚然,对军营最初的体验是有些落寞的,作为一个单位中最新鲜的血液,就像是咖啡机中新加入的咖啡豆,需要经历的磨炼最多。远离了曾经拥有的一切,每天训练的时间最长,分配的任务最累,没有什么机会让你去理解或者被理解,只能无原则地接受,这就是唯一的原则。但是,部队也并非个别人口中的荒蛮之地,即使是对于一个新兵,也时常能感受到其中的温度。训练方式越来越科学,甚至会邀请专业的运动员或教练来指导;生活上也会有来自老兵无微不至的照顾;也会有丰富的课余世界,各种球类运动、露天烧烤、文艺比赛、节日演出……记得在下连之前的一次深冬之夜,单位按惯例组织露天电影,几千人乌泱泱一片但又整齐地挤在广场上,天空中陈列着无数星辰。当我回顾自己新兵3个月的生活,其实不就像当时的星空吗?或许看起来有些孤寂清冷,但实则五彩斑斓。

二、深山里的一块顽石

在部队最期盼的事情就是外出驻训或演习了,虽然更苦更累些,但是可以呼吸到自然的空气,逃离每日按部就班的生活。

一会,月亮就要爬出来
当你赤脚走进南方蓊郁的梦境时
是否会想到
这冷泉般的月光
在北方的山脚

在某个被遗弃的院子旁洗亮
石堆后的眼睛

  这首诗写在一次驻训期间。那时正值秋天，我们在一座山上执行警卫任务。我藏在掩体里，持着枪，若有其事地警视四周，幻想着电影里的情节。山中的夜晚很凉，但我们充满热情，有一天甚至收获了意外之喜——太阳落山后，帐篷里一片漆黑，当我百无聊赖地准备睡觉时，一只萤火虫慢悠悠飞了进来，丝毫不害怕我们这些帐篷里抱着枪的人。这可刺激到我们了，于是我们翻山越岭把萤火虫捉了个遍，放在帐篷里，简直是星河可见。

  还有一次驻训，我们一辆步战车的人驻扎在一座废石塘。夜里站岗的时候，星空格外明朗，班长就教我通过认星座来辨别方向。

  如果你曾经在迷人的星空下过过夜，你就会知道，当远山的蓝色不断加深，人们缓缓进入梦乡的时候，一个神秘的世界就开始活动了。

  你可以看见，一个小小的车夫赶着牲口，拉着"灵魂之车"（大熊星），沿着"圣雅克之路"（银河）从法国一路驶向西班牙，而路两侧散落的大片小星，都是不被上帝接纳而不得不游荡的灵魂。稍微低一点的是仙后座，我们又称它"M夫人"，只要看到她柔和的肩膀滑向何处，就知道哪边是我们要一直守护的北方。

三、草原上的无主之云

你的美，如同草原上的流星
越过青山、湖泊、沙漠
在无际的荒野落入我的嘴唇
深深的吻，于是夜晚不再荒凉
风不再冷
干涸的河床
都漾起潺潺的笑声

清华园里的退伍老兵（第二辑）

两年中最美好的回忆都发生在内蒙古。这里完全远离了城市的喧嚣，我们睡帐篷、捡鸟蛋、追兔子、数流星、收集玛瑙……

内蒙古有一种开阔、粗犷、原始的美。驻扎在草原上的第一天，我们就遇上了沙尘暴，帐篷几乎被刮起。后来才知道，在这里，风沙是家常便饭：炊事班做的馒头常常是"豆沙"的；但凡裸露的皮肤一直都是"磨砂"的；跑步的时候经常会遇到一些小龙卷风，像一条条喝多了酒扭来扭去的小黄龙。内蒙古的云很低，似乎只要爬上山头，就可以抓一把下来。这些云晴天的时候慵懒徜徉，雨天的时候则是另一番景象。因此，我们在内蒙古扎营，通常选择被蒙古包环绕而成的洼地。这样既可以躲避大风，又可以躲避雷电的袭击。关于第二点，我深有体会——一次雷雨天，我们驻扎在洼地，只见四周电闪雷鸣，一副仙人渡劫的模样，雷电就在几百米外炸开，而我们在帐篷里处之泰然。

内蒙古另一绝美之处就是它的夜空。极少的光污染和空气污染，使得内蒙古的夜简直就是一副完美的星图。从5月份到8月份，我把北半球能看到的星座认了个遍，狮子座、双子座、白羊座、金牛座、天蝎座、仙后座……还有乌鸦座、海豚座这样一些十分小众的星座。夜里站岗，我平均每小时能看到5颗以上的流星，甚至在毫不知情的情况下，邂逅了美丽的英仙座流星雨。当时和朋友聊天的时候，我总会问他们："最近有什么愿望吗，我来帮你许。"

在内蒙古，我还留下了淬炼成钢的珍贵记忆。

两年间最自豪的事情，是参加了2017年的朱日和阅兵，接受习主席的检阅。阅兵训练是一种神奇的体验。军姿两小时是家常菜，有一次从早上8点到下午4点连站了8个小时，结束后甚至有人身上被蜘蛛结了网。5月份到8月份，朱日和的紫外线极强，我们当时被晒得"左脸蛋肉质肥沃，适宜种花"，仿佛每天都自带烧烤味；为了脖子挺拔，我们睡觉都平躺着不枕枕头；有人腿不直，没事就用绳子把两条腿捆在一起；为了练眼神，瞪着太阳眼泪哗哗流……脸上的皮掉了一层又一层，脚底的水泡破了一个又一个，膝盖和肩膀肿了又消。阅兵当天结束后，坐在车上驶离阅兵场的那一刻，一个个糙汉子都不争气地流下了泪水。

四、傲娇的《答案之书》

为什么要当兵？是不是图什么待遇？是不是有什么政策？是不是在学校里混不下去了？这些问题真的被问了太多太多遍。

确实啊，大多数人还是戴着有色眼镜看待军人这个职业，认为无非是又苦又累又穷。

军人没有假期，只有战备。逢年过节一般是普通家庭最轻松的时候，聚聚会、旅旅游，但对军人来说，却是最累最紧张的时候。2016年9月30日，为了迎接国庆的到来，我们单位组织了一场篝火晚会。当时透过篝火看那些被映红的面孔，我特别感慨，写下一首小诗：

9月最后的夜晚，像过去的一切
我们用焰火
把黑暗阻挡在你们看不见的地方

我们选择参军入伍，客观上讲，是因为军队是一个国家必要的组成部分，是一切发展的保障，是维护正义秩序的力量，而军人则是一份崇高的职业。而且，随着军队的改革和军人待遇的不断提高，我相信军人也必然会成为一份令人向往的职业。主观上讲，我们参军入伍，是因为我们深爱着人民、对国家心存感激，是因为我们知道人在年轻时要敢于去选择一条少有人走的路。

一个人必须大踏步前进，实现完整的自我，获得心灵的独立，尊重自我的个性和愿望，敢于冒险进入未知领域才能够活得自由自在，其实心智不断成熟，体验到爱的至高境界。我们成家立业，生儿育女，绝非仅仅为了满足他人的愿望，放弃真正的自我，我们就无法进入爱的至高境界。至高境界的爱，必然是自由状态下的自主选择，而不是亦步亦趋墨守成规。不是被动而消极地抗拒心灵的呼唤。

——《少有人走的路》

孤寂中的成长，苦累中的浪漫，宁静中的玩趣——两年的经历给予我对抗艰难险阻的坚硬冰镐，也给予了我回应质疑与偏见的答案之书。

两年的部队生活给我们的精神世界带来的滋养是十分深刻而远大的。身边的这群战友，曾经或迷惘，或羞涩，或愤青，如今都变成了可以独当一面的男子汉、女子汉，散发着耀眼的光芒。去边远的山区支教、以自己的爱好创业、竞选学校内重要的学生岗位、征服人迹罕至的雪山、重新加入部队投身国防……惊心动魄的故事会一直书写下去。曾经我们出走，是因为不甘平凡，如今我们归来，则注定不再平凡！

两年迷彩一生情

个/人/简/介

江永澎,男,汉族,共青团员,1996年9月27日生,河南南阳人。2014年考入清华大学建筑环境与能源应用工程专业。2016年9月入伍,2018年9月退伍,先后服役于原陆军31集团军步兵第91师司令部直属队通信营和陆军某集团军特种作战旅侦察营。服役期间被评为"优秀义务兵"。2020年进入建筑学院建环专业攻读硕士学位。

再回到清华时，曾经对人生的狭隘看法荡然无存，专业学习充满挑战也充满乐趣。……有时候我也分不清哪些是部队带给我的蜕变，只觉得这笔财富一生受益无穷。过往的遗憾和珍贵的感情，那些成为一生榜样的领导和战友，那支荡气回肠的特种兵之歌，都将促使我一生遵守兵的职责。

——江永澎

"我能去当兵吗"

入伍前的本科两年是我认为自己最软弱不堪的一段时光。从贫困县的小山村考入清华大学，这份幸运来得猝不及防，仿佛花光了我所有的力气。我既渴望拥有像钱学森一样伟大的人生，又狭隘地认为这条"读书—就业—结婚生子—默默老去"的路一眼便可以望得到头。

彼时，自卑内向的我一下子失去了学习的动力，在纠结、苦闷、迷茫中我的成绩一落千丈。时值军旅题材的电视剧热播，我开始整夜刷剧，想象着自己也能像影片中历史时期或现代军旅场景中的主角一样，被寄予重望，脱胎换骨，成为出色的时代英雄。

然而当时的我体质很差，又向来不喜欢体育运动。即使校园里飘扬的征兵横幅看一眼就让人心里火热，但我仍觉得当兵离我的生活太遥远。直到报名时间即将截止，我终于忍不住和辅导员提起。在受到鼓励之后，我及时拨通了武装部王晓丽老师的电话："王老师您好，我体育很差，引体向上从来没拉上去过，我能去当兵吗？""我们学校很多人去之前都和你一样，都坚持下来了……你考虑考虑！"得到了如此回答后，我萌生了尝试的想法。

内心混杂着对蜕变的渴望、对荣誉的向往、对部队生活的好奇，我在说服了家人后立马提交了报名表。从报名人数和录取人数的比例、我和同期报名同学之间的对比来看，这无疑是个冒险且令人忐忑的决定。直到我一路通过政审、体检，最后终于拿到了难得的入伍通知书，我才恍然有了一点真实的"终于当了兵"的感觉。

2016年9月10号，瞒着大多数亲友和同学，我穿上军装，踏上了去往福建漳州的列车。

军营初相识

第一次孤身乘坐28小时的列车在夜里9点多来到一座陌生的城市,记不清是夜晚的灯不亮还是我的情绪太不安,在昏黄的火车站,我懵然地被我的新兵班长挑中,跟随他来到了师直属单位的通信营。大巴车上老兵们随手破开行李箱密码带来的吃惊、凌晨零点营区排房的肃穆静谧、为我打来第一碗面的19岁副班长的热情……这些细节会令每一个初入军营的人记忆深刻,直到许久以后,我才能从清华生活和部队生活交织的恍惚错觉中收敛情绪。

都说新兵进军营,先要过"四关"——"生活关""纪律关""思想关""苦累关"。得益于多年学校集体生活的经历,"生活关"并不显得困难,反而是其他几关让我吃尽苦头。

首先是"纪律关"。我虽然不像其他战友那样偶尔偷偷抽烟或者溜去买零食饮料,自己对生活中的一些作风细节也能做到相当注意,但想要克服大学生"凡事问个为什么"的理性劲,还是非常困难的。教导我的新兵班长和副班长们有些比我年纪还小,学历不高,但是他们一点点教会了我什么叫"作风纪律就是战斗力"。从擦一扇窗户到叠一条毛巾,我知道了什么叫军人的标准。事实证明,无论是每条铁一般的纪律,还是其中不成文的规矩,背后都有其存在和沿用的道理与意义,也正是这样的作风纪律训练,让我学会了更多的宽容接纳与换位思考

令我最难坚持的就是"思想关"和"苦累关"。我曾以为部队的训练只要脑子里什么都不想,永远服从命令,做到令行禁止就可以了。但当我真的站在南方的烈日下持续数小时训练军姿、队列时,当我因战友的错误被罚与他一同在3公里的山路上匍匐前进时,当正午时分满头大汗地在整内务、加训科目之间奔波时,当一个个意料之外的挑战接踵而至时,我才知道自己的意志没有理想中那样坚强,甚至麻木。但受再多的苦累,也禁不住没有进步的打击。

短暂的通信兵时光

初入通信营,听说单位刚送走一个研究生学历的提干士兵,没多久我就来了。"全师来了个清华兵"的话题立马引起了一波热度与关注。司令部直属队各单位都好奇的是这个"清华兵"到底长什么样。入伍不到一个月,新训大会新兵代表发言、新闻报道拍摄我的训练瞬间准备制作"蜕变"主题视频、来自领导的关心关怀……如此种种不一而足,各路热情与关注令我诚惶诚恐。直到我心底的担忧终于成了现实——新训两个多月期间,我的纪律内务样样都好,但10大科目有8个是不及格的。我感到受挫,但更觉得羞愧,愧对自己也愧对清华,甚至不止一次地被别人开玩笑似的追问:"你真的是考上清华的吗?别是买来的吧?"

恰逢班上一个训练成绩很好的战士因不能适应部队的节奏选择遣回,在为他送别的那个晚上,班长对我说:"你走吧!你不适合这里,你就适合在学校好好学习,回去写申请吧!"我现在已经记不起自己当晚是否失眠,只记得当时的我向未来望去,觉得未来21个月的军营时间是多么漫长,一眼望不到头。大概没有比当时更差、更自卑的日子了,但我默默对自己说:"宁可死在这里,也绝不灰溜溜走人。"

也许是肌肉与筋骨听到了我发自内心的祈求,也许是日复一日的训练磨砺终于到了质变的时机,下班排不到一个月,我的体能训练成绩三两日之间便进步到合格水平。到之后报话兵集训的时候,我的刻苦训练带来了飞快的进步,专业成绩已经排到数一数二的名次。

2017年4月,在专业训练即将结束的那个月,军改落地的消息传来,我随即与连队三分之一的战友们转隶特种作战旅。

传说中的特种部队

转隶前的那个晚上,星空格外明媚。来自特种部队的干部向我们激情澎湃地介绍特种兵的训练内容,他说一个合格的特种兵学完所有的特战技能要

清华园里的退伍老兵（第二辑）

8年，而培养一个出色的特种兵需要16年，甚至更久……告别的伤感在品尝到特战训练的艰苦之后才来得及细细回味，回忆里只剩听到那些滚烫有力的语言时心中难以想象的激动，《我是特种兵》等系列电视剧的场景一遍遍在我的脑海浮现。即使经历了训练的挫折与苦累，但当曾经想都不敢想的梦想实现的机会摆在眼前，我的心简直要跳出胸腔。

相比师直属单位的氛围，特种作战旅的氛围明显更加彪悍和带有侵略性。当激动的心情平复下来，看到已经入伍7个月的特战新兵还在集中训练，而我们从通信兵变成侦察兵要从头学起重新训练，连我们的老班长都产生了思想波动。作为亲历军改落地的普通一兵，我看到了失去班长职务、素质体能下降的老班长如何经历了痛苦的融合，看到了年轻士官埋头苦训后来居上的主动转变，也看到我的新同年兵和老同年兵之间从互相嘲笑到彼此接纳的点点滴滴。

而来到新单位的我，因为清华学子的身份再次成为焦点，也因为更加艰难的训练和缓慢的进步速度再次沦为笑点。2017年9月，新下来的排长对我们的训练严抓狠训，我成为被"照顾"的重点对象。在攀登绳上被悬在半空、无力上也不能下的痛苦，400米障碍跑一次次往障碍上直接冲撞的煎熬……高强度高负荷的训练能让人快速生出许多负面情绪。

但也正是在这短短的几个月里，我更加体会到了战友之间极珍贵、极真挚的深厚感情。训练之中，我得到了许多训练尖子的帮助，还有班长的包容和同年兵的忍让；训练之外，我也能和他们一起谈天说地，积极出公差，还帮过一位老兵连站两次夜岗。点滴付出必然赢得真情相待，这也许就是和战友打成一片的不二诀窍吧。

当军营里的日子所剩不多，我决定调整策略，不能立马攻下一座堡垒的时候，不妨绕过它在别的地方战斗。彼时，我一边默默努力提高训练成绩，一边学习做些新闻报道类的政工工作。不久，我们迎来了一位委内瑞拉国际猎人学校回来的连长。尽管刚开始许多人对他的训练方法颇有微词，但不同的尝试还是令我有所收获，这位看起来"我行我素"、强烈坚持"断舍离"的猎人连长着实令人叹服。不久后我就被这位连长和指导员调任连部，除了帮助文书处理连队事务，训练之余也兼职新闻报道、宣传策划等。在全旅的19

项知识竞赛中，凭借实力和胆量，我代表全营抢到了全旅竞赛第一名。

第一次，我站在全旅的舞台上，拿到了一个小小的荣誉。

而后我亲身参与到演习当中，以主操作手之一的身份参加的大型联合演习令我印象深刻。开始之前，我们和其他单位协同准备了一个月左右，之后千里机动到内蒙古戈壁，演习足足进行了两个多月。混着风沙的饭菜、偶尔抛锚时独自面对的茫茫大漠、引导武装直升机成功击中目标的喜悦、与多个兵种协同作战的酸甜苦辣……枯燥却充实的戈壁生活，令我终生难忘。

再 回 清 华

700多个日夜之后再回清华，却没有想象中脱离"樊笼"的喜悦。朝辞军营，夜至清华，10个小时太短，来不及将复杂的心情收拾干净。两年前身着军装离开熟悉的班级和地方，只觉得与路人格格不入；两年后再见校园新生的一色迷彩，才发现对它的眷恋和喜爱。后来见到了园子里的高中校友，他已经身着迷彩准备出发，眼神和我当初一样，却多了一些坚定。

回到原专业读大三，面对的是各种专业课和大作业，生活上也遇到了一些意外和亲人离世这样的重大变故。和其他同学及战友相比，我还是那么普通；和两年前的自己相比，我已经更有勇气和自信，更加从容和坚定。我完成了学业，也争取到了难得的读研资格。这些看不见的改变往往只有熟识的人才能察觉，有时候我也分不清哪些是部队带给我的蜕变，只觉得这笔财富一生受益无穷。过往的遗憾和珍贵的感情，那些成为一生榜样的领导和战友，那支荡气回肠的特种兵之歌，都将促使我一生遵守兵的职责。

丹心利剑

个/人/简/介

罗平，男，回族，共青团员，1996年10月出生，宁夏吴忠市人。2015年考入清华大学水利水电工程系，2017年9月入伍，先后服役于中国人民解放军的两支部队，2019年9月退役。服役期间表现优异，被评为"优秀共青团员""优秀义务兵"，并获嘉奖一次。

青春、梦想、曾经和我并肩战斗过的兄弟,万岁!

——罗平

初心:到最艰苦的地方去

情深不知所起,笔竟无从落处。回来已有月余,回首军旅,那段日子仿佛就像是人生中的一场梦。来来往往的场景不断变化,每段记忆都有其独特的味道,让人难以忘怀。

先从入伍的时候说起吧!我至今还清晰地记得离开的那天早上:天刚刚放亮,那些和我穿着同样海军蓝色迷彩的七字班军训新生正围着紫操跑步,军训教官的口号格外响亮,而我正忐忑地等待武装部吕冀蜀老师来送我前往一个未知的地方。在送站的车上,贴心的吕老师为我们准备了早餐,像送往年每一批新兵一样叮嘱我们要好好照顾自己,然后就同我们匆匆离别。从北京南到青岛市,我就这样一路来到了军旅生涯的第一个服役单位——中国人民解放军某部队。

从高等学府走向部队,周围的人会用不理解的目光审视你,他们心里或多或少会想:这个哥们是不是脑子有病啊,没事儿不好好学习跑到部队来干什么?就是在这样的质疑声中,我逐渐开始放下自己清华人的身份并努力做一名少说话、多做事的普通一兵。但我仍然无法忘记出发时吕老师告诉我们:清华的学生去当兵,最好去艰苦一点的单位,不然没有什么意思。我还记得2017年迎老兵送新兵的时候我说自己是因为《火蓝刀锋》这部影视剧选择了海军,所以我一定要到最艰苦的地方去!可能是受到上天的眷顾,在新兵连第二个月我就了解到陆战队要从我们新兵中选拔一批兵员。于是我毫不犹豫地报名并通过了选拔,坐上了南下的动车,来到了我梦寐以求的地方。从山东转战海南,我来到了军旅第二个单位——中国人民解放军某海军陆战队特战旅。

清华园里的退伍老兵（第二辑）

逐梦：重整行装再出发

记得看《士兵突击》时，许三多曾说："每换一次环境，就像死了一次一样。"我想这最能表达自己转战海南的心情了。虽然部队不变的地方永远不会变：比如浓厚的战友情、一起吃大锅饭的日子、老班长带着小兄弟瞎胡闹的情景等，这些都会永远留在记忆的深处。但对我来说，新的环境意味着再次蜕变和重生。

梦寐以求的陆战队并没有想象中的那么美好。有一句话叫作"欲戴皇冠，必承其重"，很多人对于特战队的向往和追求往往始于对英雄崇拜的荧幕，但是真正到了特战单位，特别是在档案上填上"特种兵"三个字的那一刻，人们就会突然发现一切并没有想象中那么简单。

在南下的动车上，接兵班长会时不时地给我们讲陆战队的训练故事，给我们看特战队员在索马里对战海盗和跳伞的视频。但我们内心很清楚，想要从一名普通战士成长为视频中神勇的特种兵，我们还需要很长时间。刚下车，我们就感觉到有一股精悍的"杀气"扑面而来。这股杀气来自营区战士们黝黑的面孔，而我正是在这股杀气中开始了自己的陆战生活。

我是来自西北的旱鸭子，不具备游泳的技能，所以在海练分组的时候被分到了"砣组"，意思是会像秤砣一样一下海就会沉下去。出于对"砣组"这个名称的厌恶，我每天都迫切希望自己能尽快地学会游泳。在后海湾那个地方，喝了足够可以撑破肚皮的海水后，我终于能在大海的怀抱中游来游去了。

然而学会游泳只是第一关。海水每天泡着口腔，严重脱水导致大家只对酸菜有味觉。虽然经历了一整天的训练，但就是没有吃饭的欲望。由于长时间在海上飘荡，我们站在陆地上总会感觉天地处于一种不稳定的状态。那时的我只想睡觉，长时间地睡觉，好像只有睡觉才能够让自己舒服些。后来我们接触武装泅渡，又开始出现磨伤的情况：皮肤整块结痂，然后又被海水泡烂，烂了再结痂。当我们开始操练划舟的时候，晕船也是不小的打击。12个人出海，有6个人晕倒在了船上。我清楚地记得有一个战友和我们一起游10公里，游了一段时间上舟后，我们看着他的肚子变圆，然后开始吐水，吐完接着游。

有时候我会想，去什么地方不好非要去陆战队，承受这些本来不必承受的磨炼？我没有明确的答案，就像在学校选择专业的时候没有选择那个最好就业的、走路的时候没有选择最好走的路一样，可能是出于无知，也可能是出于所谓的情怀。总之，选择了一条路我只能走下去，不为过去后悔，坚定地走下去。或许正如大一参加马杯的时候，宋云天学长给我们讲过的一段话：有时候我们不知道为什么做着一些无意义的事情，但可能就是这些没有意义的事情会成为人生记忆中的闪光点。

在海南集训3个月后，陆战队组织侦察兵驻训，我们奉命前往云南马龙同其他旅侦察部队"同台竞技"。因为比武需要，连队组建了尖刀九班，通过比武考核，在连队里抽调军事素质最过硬的先锋队员。我很幸运地成为其中一员。虽然在马龙的时间不长，但这片土地却给我留下了深刻的记忆。我深深地喜欢这片西南的土地。每当心中烦躁的时候，总会想起马龙的山山水水、放牛羊的老乡，还有那些听不懂的方言，以及晚上红蓝对抗时走过的大大小小的坟头。

"行之愈险远，则风景愈奇。至平至坦之途，机会鲜矣。"在马龙，我们看到了大自然的美丽以及寻常人无法欣赏到的军事禁区中绝美的一面。由于保密要求，我们手机中不能存留军装照。在一次训练结束后，班长让我们脱掉了体能训练服上衣，裸着上半身拍了一张照片。这张照片也成为我军旅生涯中唯一的纪念。虽然很多瞬间没有定格在相机里，但是它们都已经定格在我们的记忆中。或许在以后的某个瞬间，我会想起在那片丛林中的某个片段：那个时候太阳正好、树荫正好、我的年纪也正好。虽然在做着看似平凡的事情，但我知道我无愧于祖国，无愧于人民。

退伍后，很多人都会问我在部队累不累。说实话，真累！每天5点多起床，训练一整天，晚上12点上床睡觉，夜里可能还来个紧急集合。当人处于极度疲惫的状态时，脑子里能想到的事情只有吃饭和睡觉！当时我满脑子想的就是这两件事，有时累了，训练间隙稍不留神就睡着了。或许人们对于特种兵的认识总是一个人可以打好几个，但我只会潜水，不会打架。实际上特种兵之所以叫特种兵，只是因为其作战方式和手段区别于常规部队而已。就比如网军也是特种部队，只不过作战手段是手中的终端。

清华园里的退伍老兵（第二辑）

归源：追寻水滴的足迹

我无数次在脑海中回忆，到底是什么促使我选择了海军？为什么不选择陆军或者空军？我想很大一部分原因是源自对水的渴望。我的家乡在祖国西北的宁夏，那里常年缺水，不知道是不是骨子里对水深深的渴望，我总是希望能够去有水的地方，能够和水来个亲密接触。按照化学里的讲法，我很可能是一个亲水性极强的人，所以我来到了海军陆战队，过着每天面朝大海的生活。

如果说只是体验的话，一次就够。人并不能精通世界上的所有事情，很多只能浅尝辄止。就潜水而言，我不能说自己精通，我所掌握的只够解决自己在水下的安全问题，有时甚至连保障自己的安全都困难。所幸，在了解的这个层面，我做得可以。

很高兴临近退伍时，听了自由潜教练长官团的一位老师教授自由潜。如果以后有机会，我一定会去试一试，就像自己怀着忐忑的心情进入军营。人的一生可能就是在不断的折腾中度过的吧，如果哪一天不再折腾，也就开始步入年老的路了。

离别终有时，和大家想象中的不一样，临走的那天我并没有哭。我们在离别的东风车上挥舞着手臂，向列队欢送的战友告别。天未亮，下着雨，"兄弟们还是早点回去吧，明早还要训练"。

再见：老兵不老，退伍永不褪色

从三亚坐飞机到北京首都国际机场，阔别两年的清华园又重新出现在我的视野中。两年间发生了许多故事：五字班的同窗都已经毕业各奔东西，园子里新的建筑物也多了出来，水利系中大多数都是我不认识的面孔；但两年又好像什么都没有发生，清华园依旧是我心中神圣的地方，园子里的老师、同学来来往往。铁打的营盘流水的兵，我曾经服役过的单位又来了一批新兵，周围的一切都在按照既定的轨道向前走。

我想，变化的可能只有我吧！我不再是那个青涩的少年，经历了两年血与火的考验，我获得了"老兵"的称号。

老兵不老，退伍永不褪色。青春，只为奔跑的欢畅、只为陪伴与分享、只为在一起共同战斗的疯狂。在坐车经过某个部队营区门口的时候，在听到恢宏嘹亮军歌的时候，在看到钢枪与炮火装饰荧屏的时候，我都会不由自主地想起曾经的那些点点滴滴。

青春、梦想、曾经和我并肩战斗过的兄弟，万岁！

水木清华圆梦，军旅芳华无悔

个/人/简/介

王斐，男，汉族，共青团员，1995年10月出生，浙江丽水人。2014年考入清华大学化学工程系，2017年9月入伍，服役于陆军第83集团军某旅，2019年9月退役。服役期间表现优异，两次被评为"优秀义务兵"。

不顾一切，至死方休。

——王斐

两年时光，如白驹过隙。转眼间，我已脱下心爱的军装，告别了火热的军营，再次踏入熟悉又陌生的大学校园。我失落，因为我不再是一名共和国的军人；我向往，因为我相信我的生活才刚刚开始。

部队的生活说起来平平淡淡，但是认真回忆，却发现两年时间里的每一个碎片都记得清清楚楚。我这两年，也算是走过南闯过北了，在湖北度过了3个月新兵连，下连去了陕西，刚过完年就去河南驻训，2018年5月又出发去往青海格尔木高原驻守中印边境……

一

入伍之初，我对部队抱有电视剧般的幻想：驻扎在深山老林里，每天在茂密的树林间如同家常便饭般穿梭、伪装、演习。直到下了接兵的火车，从一个破旧的火车站出来，被大巴拉进一个围墙高耸、铁丝网密布的院子，这才打破了我的幻想，也开始了艰苦的新兵连生活。

初入军营，对部队的生活节奏不太适应，尤其是前两天人没到齐未开始正式训练时，我一得空就搬个马扎往窗户边上一坐，对着窗外凝视，就像被关进笼子里的鸟。开始训练之后，我慢慢找回了状态，作为一名清华人，骨子里的骄傲提醒我，不管训练还是内务都要严格要求自己。

关于训练和生活，其实都是平平淡淡的滋味，印象最深刻的竟然是白馒头。那时训练量大，军营条件又比较艰苦，每顿菜都是蒜薹、胡萝卜、土豆、白菜。每天吃完饭我都会偷偷揣一个馒头放在裤兜里带回宿舍吃，白水就馒头也是真的香！

由于我的努力训练，在新兵连没闹出什么糗事，而且由于综合素质比较均衡，最后成为了结业考核中全排为数不多所有项目都合格的士兵。寥寥几句说不完新兵连的故事，它真正的样子也许只有经历过的人才会知道。

盼啊盼，终于盼到了下连的日子。本来对真正的基层连队充满了期待，但是到了才发现，营区竟然就只有6个足球场那么大。不过没关系，新的地方，新的开始，初来乍到，能干得多好全由自己掌握，我喜欢这种陌生的感觉。在新连队我拼命地干，公差勤务都是抢着报名，也经常受到表扬，但是清华学生的身份却给我带来了很多的困扰。刚下连第二天，营长组织全营军人大会，点名让我回答为什么来当兵。我脸皮薄，不愿意说虚的，于是实话实说大部分是为了一些福利政策才参军。这很大程度上成了我近一年的心病，一直到我成为上等兵，经历了许多事，目光更开阔了才放下。其实生活也是一样，很多现在看起来很惆怅、很纠结的事情，等5年后再回过头看，发现真的不值一提，只是当时身处其中很难看得开罢了。

二

到了老连队，除了训练还是训练，军人的训练不分风霜雨雪。

陕西的寒冬，12月里下着大雪，我们在大雪覆盖的小麦地里挖掩体，热身一上午，投弹两分钟，常年如此，更别提撕心裂肺地喊口令了。至今为止我仍认为，我们这支野战军估计是兵味最浓的一支部队。

没过多久，我们出发去了河南训练场驻训，这回可真是有了荒山野岭的感觉。我们旅是集团军第一支数字化旅，因此我们也分四大专业：驾驶员，开车的；通信手，联络的；炮长，打炮的；载员，跟着车跑的。而我是战车射手。

每年都有实弹射击任务，很庆幸第一年的5月份我们就赶上了。对数字化旅来说，装备才是我们的第一战斗力，把装备练精练熟我们才能发挥出百分之百的实力。我作为新炮手，第一次进行自动炮的实打时，别提多紧张了，甚至连装弹都变得十分困难。由于太过紧张，我忘记打开固定器就摇动了炮塔，导致一块传动的电路板被烧坏，只能临场电动改手动进行瞄准击发。这事也成了两年都躲不开的笑柄。

转眼到了 5 月份，我们旅被下达了赴高原驻训的任务。为了保证我们能顺利适应高原气候，降低高原反应的发生率，在上高原之前，我们每天的体能训练要求都是 5+3：武装 5 公里加上俯卧撑、深蹲和仰卧起坐各一百个。我们明白，这些都是为我们上高原作准备，所以没有一丝抱怨，同时还抱着对高原驻训的憧憬。

高原的大漠、雪山、星空也给了我们美好的记忆，当然还有冰雹、沙尘暴、暴风雪……还有煮不熟的米饭，喝不到的纯净水，3 个月只洗了一次澡……但是，当看到最先进的坦克编成攻击队形在漫漫黄沙中快速推进时；当看到几十门火炮齐射而出的弹雨时；当看到战机在高原雪山之间呼啸而过时；当站在行驶在高速公路上的步战车上接受那些过往的人流对你伸出的大拇指时，我觉得吃的那些苦、那些付出都是值得的、自豪的。那种自豪，是身为军人、身为战士独一无二的自豪。

三

每个在高原上站岗的夜晚都是幸福而又煎熬的。抬头望着星空，不时就能看到有流星飞过，但是也要时刻注意着自己的身后，别被狼给封喉了。站岗之前，我们就被普及了防狼知识。在巡逻的过程中，如果有人在后面拍肩膀，不要回头，直接反手一棍子打倒再说。说不定是狼跟在身后，狡黠地拍人肩膀，只要一回头，就会被咬断脖子。当时我吓得都不敢巡逻了，还好到最后狼是见到了，不过不是在夜晚自己的身后，而是在高原上的一场演习中。

听说要演习，我万般兴奋。可是就在演习的前几天，我们营的教导员却要我去参加新条令学习的知识竞赛。那个时候新条令刚发布，我们天天拿着笔记本学，甚至把 3 万多字的新条令从头到尾手抄了一遍。就这样，我的第一次演习就这么泡汤了，还好皇天不负有心人，在我们的努力下，知识竞赛我们营在全旅十个单位里拿了第一名。但我对于没能参加演习还是耿耿于怀，因为那是一个兵的梦想。不参加一次演习那能叫当过兵吗？

幸运的是，8 月 20 日，我们又有了第二场演习。提前一天进入场地，连长带我们观察地形，分配好各个班的任务之后大家开始休息。我当时还有点发烧，高原上发烧可不得了，一严重就可能恶化成什么脑水肿肺水肿，所以我的心里一直隐隐地担忧着。

第二天凌晨4点多，外边还是漆黑一片，单兵帐篷外就吹起了哨子。起床，收帐篷，准备演习！走出帐篷，手电筒对着天幕一照，银白的细线漫天遍地，外边下着不小的雨。但是没办法，演习一旦提上日程，谁也不能中止。拿上自己的武器，装上模拟系统，7点钟演习准时开始，雨也开始转雪。天地间真是白茫茫的一片。冰冷的手、冰冷的脚，扳机都要抠不动了，但仍要在自己的位置上隐蔽好。

战斗一开始，我们基本上就失去了与上级的联络，只能按照之前的任务分配牢牢守住自己的阵地。但是敌人迟迟不从我们这边进攻，只能远远地模糊看到路的那一边烟幕弹的浓烟滚滚升起，步战车一辆接一辆地冲到我军前沿。那边打得如火如荼，我们这边却只能焦急等待。忽然，身边战友拿瞄准镜观察时，阵地中间有一条狼正慢悠悠地走过去，如入无人之境般穿越我们的阵地。它长得就像条大黄狗，至少从我模糊的远方视角来看是这样。后来，我军收缩防守，把我们这些兵力都投入敌人进攻的前沿方向。终于到了我施展手脚的时候，放下手中因为被雨水打湿而点不着的烟幕弹，我们端着枪靠了过去，一场混战……在这么恶劣的环境下顶着大雪坚持下来，我想这一生也没有什么是坚持不下去的了。直到下午2点演习结束，整整7个小时的寒风苦雨，吃的是冻得梆硬的"热"干面，喝的是透心凉的矿泉水。下午整队带回，我们一个班的人缩在步战车的载员室里，冰冷的身体靠在一起睡得香甜。

四

到了送老兵退伍的季节。退伍前的一个晚上，下着小雨，我们在草地上搞烧烤。那一刻我真的十分感慨，心里充满了黯然和不舍。当兵固然是一辈子的荣誉，但是经历过了，也就到了功成身退的时候，曲终人散终有时。但是于我们而言,时间还在走,日子还得过,容不得半点放松。为了迎接马上就要到来的年终考核,我们又投入到了紧张的训练当中,天天武装3公里、轻装5公里、疯狂吊单杠……期间还经历了移防,全营的东西不管好坏破烂全都搬了过去,这可能是除了上高原以外最累的一次,发的军用手套硬生生磨破了两双。

再就是第二年的冬季野营拉练了。营长要求我们把所有战备物资一样不落全都带上。就这样,我们背着约20公斤重的背囊,在外边整整走了3天才回到营区。12月份的陕西,已经冷得不像话了。晚上,我们就在地里搭上单兵帐篷,两人住一个。至今还记得躲在帐篷的被窝里咔嚓咔嚓吃着干枣的样子。天气实在太冷,两人只能紧紧地挨在一起,根本不敢靠近帐篷的边缘。就这样在冰冷的田野里睡了两个晚上,每天早上起来,帐篷里面都会结上一层厚厚的冰碴,然而第二天依然要马不停蹄地奔赴下一个据点。

我所体验到的部队最大的特点就是:安排好的计划死都要完成;军人的天职永远是服从。就像我们退伍一样,计划9月10号退伍,6号我们才从河南驻训场往陕西驻地赶,很多事情都还来不及完成就匆匆地结束了我们的军旅生涯。我认为,这是红军精神中延续最好的一点。

生活最深入人心的是细节,细节却往往被人忽略。两年经历了太多太多,学会了太多太多,收获了太多太多,而这太多太多却难以用言语来表达。回首这两年,部队生活真的非常美好,苦点累点却没有烦恼,心酸苦痛却还有兄弟一起度过。

如果祖国需要,我仍愿意把每一滴热血洒进脚下这片土地。

若有战,召必回!

清华梦　从军梦

个/人/简/介

王壮壮，男，汉族，共青团员，1995年9月出生，山东滕州人。2013年考入清华大学环境艺术设计系，2016年9月入伍，服役于中国人民解放军某部队，2018年9月退役。服役期间表现优秀，两次被评为"优秀义务兵"，获旅嘉奖一次。2019年进入美术学院攻读硕士学位，曾获清华大学学业优秀奖等。

清华梦　从军梦

青春少年，追梦无悔。

——王壮壮

犹　　豫

  2013年6月9日，高考最后一门考试结束，我的高中生活也随之走到尽头，迎接我的将是向往已久的大学生活。但是当路边"当兵后悔两年，不当兵后悔一辈子"的标语映入眼帘时，我那儿时的从军梦又一次在脑海中浮现。这一次，我有种冲动，想要把它变成现实。当我还在幻想着自己开战车时的飒爽英姿时，却猛然发现自己已然站在地方武装部门前填写报名表。然而入伍流程耗时较久，期间我收到了清华大学的录取通知书。在慎重考虑之下，我最终放弃了那即将实现的从军梦，选择了为之奋斗十余载的清华梦。就这样，军营离我远去，又变成了脑海中的一个幻想。

  大学生活实在丰富多彩。白天可以穿梭于图书馆之间，晚上又能活跃在各种社团；工作室里有我奋斗的身影，"情人坡"也有我和她悠闲的记忆。但是我总觉得自己生活中少了点什么。

  2016年大三暑假，当我走在学堂路上，同样的宣传标语再次映入眼帘。我想这可能是上天给我的另一次机会吧，之后我找到了吕老师，咨询了参军的相关细节，第二次在报名表上填上了自己的名字。

  回到宿舍，我辗转反侧，不知道这个决定是对是错。我也不知道该怎么向父母解释这个选择，仅仅是因为儿时的那个梦想吗？最终，我决定瞒着父母进行体检、政审。如果全部达标，那就是注定我要参军入伍；如果不达标，也不会有什么遗憾，毕竟自己曾经为此努力过。直到入伍通知书发到我手中，我才决定将参军的消息告诉大家。匆匆一别，我就踏上了开往部队的列车。

怀　　疑

  带着对校园的不舍和部队的幻想，我来到了营区。下车之后，我们被领

清华园里的退伍老兵（第二辑）

进了一个空旷的多功能厅。列队完毕后就开始分班，我被分到了九班。班里放着几张凳子，上面摆好了盛着温水的脸盆和毛巾。洗完脸后，班长带我们去食堂吃了部队里的第一顿饭。当我走出营房看到周围的环境时，心里不禁疑惑起来：野战部队不应该在深山老林并且实行军事化管理吗？为什么这里会有山庄的院墙？眼前的这些景象和我想象中的部队差别太大了。班长或许看出了我的疑问，于是让我们先安心休息。他说："有什么疑问，明天就都清楚了。"

第二天一早，伴着几声响亮的哨声响起，全营集合组织训话。当我听到自己的单位属于"摩步营"时，一开始还有些兴奋，以为这是个装备优良的地方。当我正幻想着自己开着战场车驰骋疆场时，营长说："作为'摩步营'的兵，一定要跑得快，打得准……"现实与幻想再一次错位。后来我才知道我们最先进的武器是95式自动步枪。训话完毕，等我们回到宿舍，发现只有班长的被子叠得方正。班长昨日的慈祥一去不复返，突然变得严厉起来，给我们讲规矩，教我们行为处事。军旅生涯的这两年里，这也是唯一一次没有在集合前叠好被子。

接下来的3个月，每天就是叠被子、打扫卫生，训练也和大学军训相差无几。政治教育、规章制度也非常严苛，没有一点空闲时间，做任何事情都要向班长报告，日复一日地重复着前一天的常规生活。但是我坚信，新兵连结束，我们将迎来另一番新天地。

动　　摇

刚下连，有了军衔，也意味着我真正成为中国人民解放军中的一员。指导员觉得我学历比较高，希望我能够去连队当文书。当听到"文书"两字，我心中有一些犹豫，以为是要坐在电脑旁处理各种琐事，但是这不是我选择部队的初衷。恰巧连队的传统是新兵班班长能够挑一个兵去自己所带的班，他刚好挑中了我，就这样选择的权利再一次回到了我的手里。来部队之前，我已经做好了吃苦锻炼的打算，因而毅然选择了跟班长走。指导员却以连队没有合适人选为由，把文书的岗位空下来了，让我白天跟着连队训练，待晚上休息时再去处理文书的工作。我信誓旦旦、一口答应，并如愿以偿地跟着班长去了连队的"尖刀班"。

冬天的靶场格外寒冷，手指在冷风中变得僵硬。我们当时正在户外考核实弹射击，但集体发挥失常，于是教官让所有成绩不合格的士兵进行新一轮射击。然而这一次教官一改之前的报靶方式。让我们自己在射击结束后，从射击线以低姿匍匐的方式挪到100m外的靶子处，看完自己的弹着点和成绩再爬回来，不合格的继续进行下一轮射击，直到合格为止。那次射击我一共打了6轮才打出合格的成绩。身体在满是乱石、坑洼不平的靶场匍匐前进，手肘、腿部和膝盖上都沾满了鲜血，晚上解衣休息时，衣服和伤口甚至粘连在一起，令人触目惊心。

军事训练接踵而至，强度不断增大，让我有些吃不消。在新兵连3公里的跑道上，我永远是最前面的一拨人，可是到了5公里的赛程上，队友远去的背影却让我望尘莫及；手榴弹的投掷距离也只能是老兵的一半，引体向上更不是老兵的对手……一路顺风顺水的我，从未经历过如此打击。挫折和失落时常向我袭来，我甚至听到诸如"清华大学生就这水平"之类的话。多次努力无果，让我开始怀疑自己当初的选择，参军这条路是否真的适合我？

坚 定

在一次与家人的通话中，我想向他们诉说在部队的种种不适，然而话到嘴边又咽下，我不想让家人担心。挂断电话时，在眼中打转的泪花再也忍不住顺着脸颊流下。我明白军营里最不值钱的就是眼泪，军营不是弱者的"收容所"，而是强者的"炼金炉"。作为一名清华学子，想要改变现状、证明自己、重拾自信，我必须笨鸟先飞。于是，我每天提前一小时起床，到后山进行训练。起初成效并不明显，但我始终没有放弃，而是牢牢记住两个字——坚持。随着日积月累不断加强训练和心中必须超越老兵的决心，每次跑步我都咬牙坚持，终于功夫不负有心人，等到年终考核时，我所有科目均达到优秀。

从　容

俗话说"宝剑锋从磨砺出,梅花香自苦寒来"。2017年1月,全旅组织冬季百公里适应性野外拉练,在接近-20℃的低温环境下,全副武装在山涧中长途跋涉。在拉练的第四天,天空还飘起鹅毛大雪。艰难的环境让我的身体难以忍受,脚上也磨出了血泡,甚至大血泡里套着小血泡,走起路来疼痛难忍。然而战友的帮助与鼓励始终激励着我前行。按照班长教的方法,我用针刺穿血泡并穿上一小段细线,使血水顺着细线流出,就这样我一直坚持走回营区。正是这种磨炼,使我学会了坚强,学会了豁达,更使我变得成熟,这种成熟不仅是经历风雨后的坚定,更是思想上的从容。

2017年5月军队改革,三个专业各不相同的连队合并为火力连。连队主官为了连队团结,进行了班排的重组,我也从之前的高射机枪专业转为炮兵指挥专业。2017年6月底,连长找到我说:"当前连队改革,这个专业一直没有人学好,这里有几本书和所有用到的设备,希望你去研究一下,参加8月份炮兵指挥专业的比武。"正所谓隔行如隔山,我心中不免有些担忧。但服从命令是军人的天职,我不敢有一丝懈怠,迅速投入了新专业的学习。当时的我白天有阅兵保障任务的训练,晚上还要绘制图纸,只能自己挤时间去学习。虽然连长对我的成绩没什么要求,但我听周围人说我们炮兵指挥专业在连队已经连续几年没能取得优异成绩了,既然我接了这个任务,我就一定要做好。在那两个月里,我每天都会熬夜学习到2点之后。为了不影响其他战友休息,我把自己睡觉的地方由床上搬到了床底,用微弱的台灯照明学习。最终在我和另外两个战友的努力下,我们专业以15s的成绩取得了炮兵捕捉目标第一名的优异成绩。

成长的过程总是痛并快乐着,军营生活无疑是一次重要的成长历练。在此期间,我除了练就了强壮的体魄和过硬的技能,也养成了令行禁止、雷厉风行的作风和坚忍不拔、吃苦耐劳的意志品质。

享 受

如果说大学生入伍是为了丰富自己的人生体验，那么在这个过程中，定然会遇到让你终生难忘的事情。2017年7月底，为庆祝中国人民解放军成立90周年，全军在朱日和组织沙场阅兵，我很幸运成为其中的一员。我虽不在受阅部队中，但也参加了阅兵执勤任务，还有幸目睹了领袖风采。为了不负众望地完成好此次任务，在训练军姿时我们常常一站就是几个小时，等到训练结束，浑身僵硬动弹不得，好长时间无法正常活动。此外，我还负责在训练间隙绘制阅兵流线图、警戒哨兵点位等各类图纸，严重的超负荷工作常常使我腰酸背痛。但是为了圆满完成任务，我和战友们都铆足力气，不知疲倦。最终我们高标准、高质量地完成了此次任务，受到了联合指挥部和各级首长的多次表扬。因为表现突出，我获旅嘉奖一次。

留 恋

回首过往，我非常庆幸自己当时做出了正确的选择，并因此改变了人生轨迹。这让我认识了更多的人，经历了更多的事，收获了更多的成长。军人的身份重塑了我的世界观、人生观和价值观，让我学会直面挫折，变得更加自信。两年的军旅生涯，让我真切感受到了军营的魅力，这于我而言就是人生中的另一所大学，不仅让我拥有了强壮的体魄，更让我有了成熟的思想，让我对未来的人生道路更加坚定。

一朝戎装穿在身，终身流淌军人血。军营让我留恋，让我难以割舍。虽然未来仍有变数，也将面临新的选择，但无论走到哪里，军旅生涯都将是我人生最美好的回忆。我将始终铭记军旅时光，不忘初心，砥砺前行！

不忘初心，永怀荣光

个/人/简/介

周心涵，男，汉族，共青团员。1996年9月出生，江西乐平人。2012年获全国数学竞赛一等奖并于2013年保送进入清华大学数学系。2016年9月入伍，2018年9月退伍，曾服役于中国人民解放军某部队。服役期间被评为"优秀义务兵"。2018年9月返校后转系进入新闻与传播学院，曾任新闻71班班长、新闻71班生活委员、校体育代表队学习宣传部部长等职。曾获2019清华大学新生军训优秀排长，所带排获校学生军训优秀排；2019年获清华大学社会工作优秀奖学金，参加庆祝中华人民共和国成立70周年群众游行并承担指导训练任务。

不忘初心，永怀荣光

> 参军入伍是我一生中最为重要也最为正确的选择。我为我曾是一名解放军战士而感到骄傲，这是我一生的荣光。
>
> ——周心涵

退伍回到学校已经整整一年了，脱下的军装还在衣柜整齐地摆放着。当我轻抚着我的大檐帽，看着本应该挂着帽徽的地方空空荡荡，心中顿时思绪万千，不禁又回想起3年前自己刚入伍时的模样。

2016年夏天，那是我在学校最为疲倦的一个学期。当我独自一人忧郁地徘徊在学堂路上时，微微抬起的眼眸无意间瞟到路旁的征兵宣传海报，海报上征兵大使身上帅气的军装、手中紧握的钢枪慢慢点燃了我心中那团从未熄灭的炽热火焰——那是我从小以来的梦想。

初中时候的我还在疯狂地迷恋《亮剑》（直到现在我也依然喜欢这部电视剧），幻想着有一天自己也能立下汗马功劳，胸前挂满军功章，接受祖国和人民的检阅。高三的时候，我曾想过考军校，但当我收到清华大学的录取通知书时，这个军旅梦便暂时搁浅。我将未遂的梦想一直埋藏在心中，直到那天在清华的校园里，这个念头看到了成真的希望，再度破土而生。

临走前一天晚上的聚餐，我喝了很多，那是我入伍前最后的放肆。我感受到了些许不安，因为此后两年的生活还是个未知数。第二天早上我迷迷糊糊地睁开眼睛，竟看到父母正站在床下帮我整理行装。明明昨天我还在电话里和他们说："不用来送我了，不就是去当个兵吗？又不是什么大不了的事。"他们在电话那头也是答应得好好的。我嘴上虽然不在意地说着不就是两年见不到家人，不就是两年不能陪妈妈唠嗑，不就是两年吃不到爸爸做的辣椒炒肉，不就是两年无法睡在自己心爱的小床上。但看到爸妈的那一刻，泪腺彻底崩溃。我转过脸去，任由泪水从脸颊上无声掉落。

整理好心情，我同父母正式道别。坐在前往杭州的火车上，我的眼睛一直望着窗外，身旁的树木和房屋飞速后退，我的心也慢慢沉静了下来，开始思考未来的生活。这次几乎可以被称为"头脑发热"的决定将会对我产生什么样的影响呢？

初 入 军 营

军车摇摇晃晃地驶进了一个偏僻的小村落。我刚下车，就被一个矮矮壮壮的兵哥哥带走了，这位兵哥哥也正是我新兵连的班长。但当时的我初入军营，并没有人向我介绍他是谁，看他又是帮我拎箱子又是给我倒水，我自然而然地以为这是某位负责后勤的同志。

结果我刚坐下，他就亮出一口安徽普通话："周心涵同志，我叫王开放，三横一竖王，'开放'就是改革开放的'开放'，以后我就是你新兵连的班长了，你是第一个来的，后面的都是你的'小弟'了，你要好好表现啊。"

"是，班长。"

部队里面回答问题答"是"这一点我还是很清楚的，毕竟军旅题材的电影也看过不少。随后班长坐在我旁边看着我把资料卡填写完，又带着我去吃了军营的第一顿饭。虽然我已经记不清那一顿饭吃了什么，但仍能清晰地记得班长帮我夹菜，让我多吃点别饿着肚子的场景。在那之后，这样的场景想再次出现，就得等到我快要退伍的时候了。

锻炼还是磨炼？

第二天早上6点，一声急促的哨声将我从睡梦中惊醒，在军营里被打搅了好梦的我丝毫不敢有任何脾气，"腾"地一声从床上一个鲤鱼打挺翻身起来。手忙脚乱地穿好衣服，穿上胶鞋就跑着冲出了排房。结果天色太暗，我没看清楚队列，一不小心站到了别的排里面。班长非常生气，早操结束之后把我狠狠地批了一顿。那是我军旅生活的第一天，也是第一次在部队挨批。我非常难受：明明这么努力地想做好，为什么第一天就犯了错呢？！

来安慰我的是副班长陶班，他是我们排三个副班长里面最温柔的，对我们也最好，我们的友谊也延续到了现在。他和我聊了很多部队里的事，为我解开了许多迷惑，也解开了我的心结。例如，为什么明明班长昨天还那么和蔼可亲，今天就变得如此暴躁；又比如，为什么班长刚刚还在骂我，过了一会儿又跟我开玩笑、给我取外号。在了解了部队的这些"套路"之后，我慢慢开始能用正确心态对待班长们的批评了。

但还是有一件新兵连里发生的事让我直到现在都难以忘怀。那次我顶撞了班长，是我在部队第一次顶撞上级，也是最后一次。距离新兵下连还有不到两周，随着结业考核的临近，班长对我们的训练要求也愈发严格。有一天下午训练5公里跑，跑到一半的时候我的小腿肌肉突然抽筋，我没有选择直接休息而选择了降速慢跑。几个同班的战友看到我减速慢跑，也一个个跟着放慢了脚步，看来大家那段时间也都是真的累了。

这一幕被站在一旁的班长抓了个正着，我们几个便被叫过去询问为什么慢跑。我们都说自己的脚疼，跑不快。班长说："好，既然脚不行，那我们就练手，俯卧撑准备！"班长对俯卧撑情有独钟，他有一句"名言"在班里流传很响："没有什么事情是100个俯卧撑解决不了的，如果有，那就再加100个。"我们几个便乖乖趴下开始做起俯卧撑。"一、二、三、四……九十七、九十八、九十九、一百！"喊到100的时候，班长看了看我们。我们也看了看班长，心想着"应该结束了吧"。可是没想到，班长计数的声音毫无波动，也没有停止："一百零一、一百零二……"我们没有办法，只能咬着牙继续一个个做下去。

我边做俯卧撑，边想着这些天糟心的训练——每天中午不许睡午觉，要求去练单杠；晚上熄灯之后还要练习做4个"100"：100个俯卧撑、100个仰卧起坐、100个蹲下起立、100个"燕子飞"……不想还好，一想起来便越想越憋屈，好在俯卧撑马上就做到200个了，我心想着应该终于可以结束了。"一百九十八、一百九十九、两百，"班长这次没有看我们，仍然像一个报数机器一样面无表情地继续数着，"两百零一、两百零二……"堆积在我心头的怒气终于无法遏制，霎时间一股脑冒出来，整个人"腾"地一下站起，撒腿就往回走。班长试图大声喝止我，可我还是头也不回地径直向前走着。当时的我简直是做好了最坏的思想准备，迎接一切无法预料的坏结果，"大不了这个兵我不当了,哪有这么整人的!"我的内心气愤难平。

班长最终还是追上了我。令我没想到的是,他不但没有打骂我,竟然还请我去超市喝了两个多月都没机会喝的冰可乐,并和我长谈了一晚上。那一次是我和班长最交心的一次谈话,让我不仅真切感受了班长带兵的心路历程和真实感受,也明白了自己冲动之下做的事情对整个班排的集体建设产生了多么严重的负面效果。

我仍记得聊天最后,班长对我说了一句话:"想得通的是锻炼,想不通的是磨炼。"在部队,要是没经历过几次让生理或心理遭受巨大磨砺的事情,都很难说自己真正当过兵。现在回过头来想,正是因为班长当时的严格要求,我才能在下连之后得到其他同志的认可。

生长在军营

下了连队之后我被分到了筑城伪装连。连长姓蒋,曾是一名国防生,和我似乎很谈得来。我的老兵连班长胡班参加过"九三"阅兵,据说以前部队还没下"不能打骂体罚士兵"的命令时,他的脾气特别暴躁,动不动就踹底下的兵两脚。但我在他手下的那段时间,他对我竟相当温柔,像一位老父亲一样手把手地教我专业技能,还单独对我的体能进行操练。改革前我一直在胡班手下,那段时间也是我各项素质的巅峰时期。

在这之后,我经历了军改。2017年5月,我被分到了合成第五旅某营两栖工兵连,负责的主战装备是破障艇,随之开启了我的另一段军旅生涯。改革之初,大家都来自各个单位,习惯的管理方式也各不相同,实际工作中经常会出现班长与班长之间或者排与排之间产生矛盾的情况。

但我从来不关心现实中琐碎的摩擦,因为我喜欢上了破障艇这项装备。我跟着我军旅生涯的最后一任班长崔班长,把这艘装备学了个透彻,从装备的技术性能到实际操作无所不通。最终我在一次关键的验收过程中,承担了非常重要的角色,并圆满地完成了任务。这使我获得了那一年的"优秀义务兵",同时也获得了营长、教导员的认可。

写 在 后 面

总说:"当兵后悔两年,不当兵后悔一辈子。"现在对我来说,后半句是无比正确的;但是对于前半句我必须要说,当兵的那两年我也从未后悔过。那是最让人兴奋不已的时光,每天的生活都很简单而又充实,时间线只有进行时和完成时,服从上级安排就是我们军人的天职。

我曾想,如果不是部队的两年,我现在会成长得这么快吗?我会慢慢懂得体恤父母吗?我会渐渐学会照顾他人的感受吗?我会理解清华要求我们"为祖国健康工作五十年"的真正内涵吗?也许我会,但肯定不会这么迅速。部队就是一个催化剂,它加快了我从男孩到男人的转变,加快了我从羸弱书生向铁血硬汉的转变。

每每回忆起在部队的日子,心中总是感慨万千:我何尝不想和我的战友们在逢年过节的时候举起手中的饮料,再一次大声喊着"干干干";我何尝不想在连队比武考核5公里时,再一次同战友一齐冲过终点;我何尝不想晚上入睡的时候还有人摇醒你,在你耳边轻声说道:"到你上哨了"……

两年的时间说长不长,说短不短,快乐过、痛苦过、激动过、彷徨过。在这700多个日日夜夜里,我对家乡、学校的思念,都化为心底最真挚的力量,指引着我不忘初心,继续前进。我为我曾是一名解放军战士而感到骄傲,这是我一生的荣光!

迷彩色的回忆

个/人/简/介

刘天寒，男，苗族，共青团员，2000年1月出生，湖南怀化人。2017年考入清华大学经济管理学院，2018年9月入伍，服役于中国人民解放军战略支援部队某基地，2020年9月退伍。服役期间先后担任步枪手、连队文书、通讯员、军械员等职务，2019年获评"学习标兵"、"优秀义务兵"、"四有"优秀士兵。

> "多少事,从来急;天地转,光阴迫。一万年太久,只争朝夕。"
>
> ——刘天寒

"逃离,旧的结束,还是新的开始?"

2018年9月的一个沉沉夜晚,昏黄的路灯照亮了车窗外母亲掩面哭泣的背影,也为车窗映出的我的脸庞添了一丝生气。

我将正式入伍参军,但与身旁战友们的兴奋憧憬不同,我的心中更多充斥着不安与迷茫,因为我明白自己参军更多是为了"逃离"。在偌大清华的第一年里,我深深地发现自己的彷徨与停滞不前,从小到大理所应当的学习让我感到不再熟悉,积郁的压力让人喘不过气来——心中的那个念头愈发清晰明显:"我要逃离。"这时校园路旁的大幅征兵海报给予了我一个启示:参军去,去到用鲜血与信念缔造了这个新中国的集体中去,或许这能让我寻得一条成长的新道路。

当拥有了目标时,人的行动力将无与伦比,为了参军我不惜通过手术手段摘掉了陪伴自己8年的眼镜,也苦口婆心地说服了持反对意见的母亲。当我终于排除一切障碍,踏上西去的火车时,心中的不安却骤然加剧……因为我羞愧难当,我知道自己是一个校园生活的"逃兵"……

但火车已经鸣笛,容不得任何犹豫和后悔,新征程的大门已经徐徐开启。绵延的铁轨将把我送向那片成就了中国飞天之梦的大漠——中国人民解放军战略支援部队某基地,又称中国酒泉卫星发射中心。

"万事开头难"

躺在新兵团的床上,身体难以适应陌生的环境,我辗转难眠。茫茫戈壁滩中,东风航天城孤悬于此,进入这里的一瞬间我感觉自己仿佛进入了异世界,一切都如此不同。天南海北的人们会聚到这里,我们成为兄弟,成为

清华园里的退伍老兵（第二辑）

一个集体。

尽管有所耳闻，部队的训练与日常还是大大颠覆了我以往的观念：所有的事情都在整齐划一的步调之下，无论是行进还是内务，更是深入到每个士兵的心中。其中最令我印象深刻的就是所谓"打被子"，这对我这个入伍前从不叠被子的人来说，简直是闻所未闻的。部队里叠被子的程序可谓极尽繁复细致，首先需要用重物将自己的军被推个百来遍，使其厚度合适，不至于成为"面包"；然后利用卷尺把被子宽边三折线画出来，将被子分为均等的三份，再叠成长条；最后再严格误差画线，使之折叠立起来时能够严丝合缝、成为一块完美的"豆腐块"。这样一套程序下来，每床被子至少需要一个月时间才能成型，更何况每天还需要将成型的被子拆开铺上床！

为了一床完美方正的被子块，部队里每个人都必须至少提前1小时起床才能完成这艰巨的任务。当星光还残留未褪之际，营房里已处处是叠被声。入伍前的我无论如何都无法想象得到这样奇特而又严苛的要求，但这也不过是部队生活的一个小小缩影罢了。

整个新兵生活，是一个适应的时期，也是改变的时期。最初，当我站在烈日下的训练场上，跟随队伍参与一系列队列和体能训练时，脑海里总是闪回过去一年在园子里的一切，说不清是想念还是抗拒，但在训练场上总有些逃避现实的意味。可日子一天天过去，自己也慢慢释然了，军人之责并非无缘无故，不能以平日里的眼光看待。短短3个月迅速过去，回想起来既有训练时的难耐、挨罚时的无奈，也有共同进退的感动。当阳光洒在我身上崭新的军衔、肩章、胸标，我真切感受到我的"兵之初"已切实到来。

"革命军人是块砖"

找工作是当今社会头等难题，而这个问题在部队里以另一种姿态出现了。当时间来到2018年末，我的3个月新兵生活行将结束，这就到了诸位新兵最为关注的时刻——自己会在怎样的单位和岗位度过两年士兵生活？我其实对自己的服役岗位一直有所期盼。酒泉卫星发射中心对于中国航天事业可谓功勋卓著，众所周知的东方红、神舟、天宫都是从此飞向太空一圆中国飞天之梦，清华的先辈两弹元勋们也多曾在这个见证中国复兴的基地工作过，这使得我对于参与此类的任务充满了憧憬。

曾在黑白交界时的清晨训练场见到的场景至今历历在目——雷鸣般的低沉轰隆声后，拖着白色焰迹的火箭冉冉升起，坚定飞向无尽天空终至不可见，只留下耳边的惊叹声。这样激动人心的场景令我坚定了信念——我一定要参与到火箭发射的相关工作中，真正成为"天军"的一员，希望能在未来的一天自己能自豪地说"中国飞上天的火箭也有我的些微贡献"。

然而天不遂人愿，我被分配至远在新疆维吾尔自治区的单位，远离了自己曾朝思暮想的火箭发射岗位。当听到分配决定时，我真是犹如五雷轰顶，失落不已。虽然身边的班长、战友们都说，"革命军人是块砖，哪里需要哪里搬"，道理虽浅显，自己释怀却难。我无法接受，为什么不能是我走上那荣耀的岗位？

然而再多无奈也无法改变事实，我真切感受到，身为一名军人是无法凭心意任性妄为的，服从命令听从指挥才是职责所在。怀揣着不甘与一丝迷茫，我再次踏上了远行的列车，来到祖国的大西北。那是我第一次踏足新疆这片神奇的土地，两年的下连时光就此开始。

"枪杆子，笔杆子，干革命就靠这两杆子"

下连之后，我被分配至支援保障单位担任警卫工作的连队。完成一系列岗前训练后，我开始正式上岗工作，成为一名承担警卫执勤任务的战士。虽然这与自己最初对岗位的设想相去甚远，但是不断的训练与任务也让我明白了自己的成长与价值。

或许是清华学生身份带来的影响，上级与战友们在下连之初总把我看作秀才型人物。无论是心得体会还是各类报告，类似的文书任务总会交给我，我也因此担任了连队的文书以及通讯员工作。除去正常的站岗执勤、训练外，我整日端坐在电脑桌前处理文件、撰写报告，如同办公室一族。一段时间内

清华园里的退伍老兵（第二辑）

我也有些哭笑不得，真是握笔杆子的时间远胜于手握钢枪的时间。一时之间，身边出现了些不同的声音，战友中有些人认为，清华这样的高学历光环之下，只需要笔上功夫和嘴上功夫好就行了。

从园子来到部队，我的心中有许多不安。清华的标签对于我既是荣耀也是枷锁，使我备受瞩目与期待，我也竭尽所能提高自己文书工作的业务水平，不愿辱没了清华的名声。但是听到"只要笔上功夫"的评论，我的心中还是充满愤怒：不是握住了笔杆子就握不住枪杆子！军旅也是一个小社会，存在各种人际之间的误解与偏见。为什么要服从于别人的偏见？面对此类言论我选择了毫不退缩，用实力去打破它！

"文明其精神，野蛮其体魄"，我发誓要用自己的成绩打破"清华士兵只需要笔上功夫"的偏见，于是倾注了更多的精力到训练中去。西北大漠的烈日灼人，但无法阻挡我的决心。在我不服输的训练下，我的体能结果十分喜人。无论是负重5公里还是3公里跑，我都能压连队其他人一头，名列第一。其余的体能项目中我也能够位居上游：400米障碍以及携枪通过100米障碍等项目动作标准、用时短；格斗摔擒、枪械结构射击等专业项目上达到教员水平，踏入了军事训练成绩前列人员队伍。通过闷声努力，我在年底的军事训练综合评定中获得优秀，用数据和成绩证明了：清华来当兵的，不只拿得住笔杆子，枪杆子也拿得稳稳的！

在部队的两年间，我愈发增长了摆脱清华光环的勇气。部队是战斗队，是一个讲求硬实力的地方，需要全面综合的素质。要成为一名合格军人需要的绝非单一的头脑好或体能好。依靠重重外壳掩藏自己，欺骗他人的认可，不倒逼自己改变，这是多么弱小的表现啊。剥掉外壳与光环，以自身的成长与素质获得认可，这才是军人应有的血性胆气，畏缩不前不当为！

"雄关漫道真如铁，而今迈步从头越"

退伍，我曾在心中无数次刻画离别的模样，但没想到来得如此之快。两年间，发生了许多事情：建国70周年大阅兵、中印加勒万河谷边境冲突、新冠肺炎疫情、抗洪救灾……这些国家大事中，都少不了中国军人奋战一线的身影。我以军人的身份也更加前所未有地感受到自己与这个国家同呼吸、共命运。在那些不同的"战场"上，都有我的战友们在奋斗、在拼命。我虽身不能至，但也怀揣着时刻准备好上前线的热忱与向往。

参军的意义何在？两年间不少人向我抛出过这个问题，但我的回答总是语焉不详，因为即使我自己也未曾想好答案。是逃避现实？磨砺自身？抑或是胸中报国的热血作祟？我想，这是个复杂的问题，总觉得难以作答。但当我即将离开这支光荣的队伍，才发觉自己已经不知不觉中习惯了以一名军人的身份挺起胸膛，昂首走在人生路上。

选择已经做出，两年间的旅程也已将我锻造至此。离开学校参军入伍对我而言是一个新的开始，而今天它将结束，我会再次迎来另一个全新的开始，但我确信这一次绝不再是游移与逃离。"聚是一团火，散是满天星"，我将离开战友和集体，重新走回自己的人生路。返程的火车已然鸣笛，但是踏上这条路之初的誓言从未磨灭——

"我是中国人民解放军军人，我宣誓：服从中国共产党的领导，全心全意为人民服务，服从命令，忠于职守，严守纪律，保守秘密，英勇顽强，不怕牺牲，苦练杀敌本领，时刻准备战斗，绝不叛离军队，誓死保卫祖国。"

携笔从戎，无悔青春

个/人/简/介

郭婧，女，汉族，共青团员，1998年2月生，河南濮阳人。2014年考入清华大学经济管理学院，2018年9月入伍，服役于陆军某集团军特种作战旅，2020年9月退役。服役期间表现优异，被评为"优秀义务兵"、"旅先进个人"、集团军"优秀基层官兵标兵"，获嘉奖一次。

你所经历的一切都会让你更强大。

——郭婧

小时候，我总是喜欢看CCTV-5，最喜欢的时刻就是运动员拿到成绩后登上领奖台，在我看来，那是多么荣耀。而当运动员站在最高领奖台上，随着国歌的响起敬军礼时，我对军人这个词有了新的定义和期望。

报 名 参 军

2017年6月，是我第一次报名参军。看着学堂路的征兵海报，内心对军营充满向往的我没有想太多，便骑上车跑到李兆基大楼的四楼报了名，说明了自己的意愿。可是很遗憾，我的体检结果不尽如人意，我也因此落选，可是我的内心依旧被军人身上那份使命感所吸引。经过一年的修整，第二年我又一次义无反顾地选择了报名，而这次我成功地成为清华同批报名入伍的唯一一个女性入选者，真真正正实现了内心那个一直以来的梦想。

新 兵 连

2018年9月27日，是我来到部队的日子。到单位时，一辆大巴把我们带进了一个站满了士兵的院子，两边站了两路女兵班长和一些没有带衔的新兵。看着这些陌生的面孔，我感到既亲切又胆怯。亲切的是看到了和自己一样的同年兵，胆怯的是在接下来的日子里一切都是未知的。作为一个从清华入伍的新兵，我一下子就被身边的人关注起来："哇，你是清华的啊！""你是多少分考到清华的？好厉害！""你怎么想来当兵了呢？"无数的问题扑面而来，我耐心地给她们解释了自己的一切。就这样，来部队的第一个晚上，我在各种问题的追问下和很多表格的填写中度过。晚上躺在床上，我还觉得

清华园里的退伍老兵（第二辑）

这一切仿佛都在梦里。晚上睡觉时，听到班长说：明早不要叫醒她们，让她们正常起床。带着疑惑和疲惫，我进入了梦乡。都说"最苦新兵营"，但是我一直以来觉得自己作为体育生，再苦再累我也能坚持住。可是，现实和梦想总会有太大的差距。入伍的第一天，我就因为内务柜的本子没有放正被批评，我的本子也被扔了出去。我因为裤子叠得太差被调到了上铺，更因为卫生打扫得不干净被反复要求清扫。来了部队我才知道什么叫"一尘不染"，什么叫"横平竖直"，什么叫"绝对服从"。在班长和排长面前，你永远要回答的就只有两个字，"到""是"；见了比自己军衔高的人，一定要主动问好。这些看似平常的小事，在新兵营就是我们的日常。记得有一次，因为打背包速度太慢，我一个晚上被班长拉了十动紧急集合，那一刻的自己仿佛多少理解了当兵的含义。我总是跟战友说，只有在打背包时，我才能体会到当年老一辈红军们的艰苦和不易，每一动紧急集合都让我打到崩溃。可是无论干什么，我都会时刻提醒自己：我可以，我一定可以！因为我知道，无论我干什么，身上都带着清华的标签。就是这样一次次在内心的鼓劲，让我度过了我的新兵营生活。记得入伍前，退伍的学长、学姐们说：在部队，你既要记住自己是一个清华人，又要忘记自己是一个清华人。经过3个月的新兵生活，我也可以做到3分钟以内打好背包、10分钟以内叠好一床像样儿的军被，也可以做到一个人把整个厕所打扫得锃光瓦亮。入伍前，这些都是我不擅长的、也是我最担心的事情，可是在经过3个月的新兵锻炼后，我学会了沉下心去做自己不擅长的东西。新兵的3个月时间过去后，我可以不再像在校时每天给家人打电话，什么事解决不了都想听从他们的意见。因为在部队，我要做的是遇到任何不顺心的事都要学会自己去解决。在这里，我没有办法每天都拿到手机，没有办法每天找别人帮我消解，没有办法每天都分享心情。更多时候，我需要试着自己学会去消化，试着自己独自长大。

转　折

我相信每一个当兵的人，其内心都怀揣着一颗特种兵的梦，而我自己也不例外。可能因为自己是体育生，我的各项体能都处于连队前列，所以当听到集团军成立第一支女子特战队时，我第一个报了名。说到换单位，还出现了一个小插曲：下连后，我被分到了通信单位里的收放线专业，因为自己受过田径训练，我的1000米收放线第一次就跑到了4分半的好成绩，连长和指导员都很看好我，甚至期待我在比武考核中拿到一个好成绩。但当我表明自己想去特战旅时，他们并不是很支持我。可是我觉得，我来当兵就是想当特种兵，既然有这个机会，我一定要牢牢抓住！我偷偷把请愿信塞给了比我早一批被特战旅接走的同年兵，开始煎熬地等待。在这期间，指导员和连长反复找我谈心，可我依旧坚定要去特战单位的信念，最终也如愿以偿。我很感谢当时那个意志坚定的自己，假如有一丝的犹豫，就不会有我接下来曲折又难忘的生活。

打　击

怀着"当兵就要当特种兵"的信念，我来到了陆军特种作战学院进行我的专业训练。走进学院大门，一行醒目的标语让我感到了一种不一样的气息。"特种部队特种人，特种精神特种魂"，这句话让我燃起了对训练的激情。可有时候命运就是要这么给你上一课，让你明白什么叫"理想很丰满，现实很骨感"。

我的专业训练第一堂课是攀登课，教员讲到，特种兵最重要的技能就是攀登，这是对敌渗透的最有效方法，在实战时是最有用的战术。而我偏偏在这个科目上遭遇了滑铁卢。在徒手爬绳时，看着十几米的绳子和全副武装近30斤的装具，我第一次对自己没有了信心。看着比自己早儿天来的战友，都有模有样地可以爬很高，而自己还停在原地，我的内心受到了非常大的打击。作为一个跑步拿手的体育生，我却成了军事硬科目上的垫底选手！我开始在晚上失眠，精神压力非常大，也开始常常怀疑自己的能力，指导员看出了我的担忧，她问我："你后悔来了吗？"我哭着对她说：我觉得我真的不行，这个科目对我来说太难了。指导员说："你在运动场上那股拼搏的劲儿去哪儿了？这么早就放弃自己了吗？你还记得自己的那颗初心吗？"这几句灵魂拷问一下子问到了我的心坎，我静下心来想了很久很久。我想到了自己当初一定要来特战的坚定信念，想到了自己作为一名清华士兵的责任，我不想因为自己低落的状态让别人看到后以为这就是清华学生该表现出来的样子。因此，在之后的训练中，我总是比别人做得更多，会比别人多上很多次绳，滑降时逼着自己第一个下去。尽管每一次从楼顶向下望去都让我特别害怕，但我在内心时刻告诉自己：我一定可以做到，我一定行！就是这样一次次从十几米攀登楼的跃下、一次次爬绳爬到两臂抽筋，我的攀登成绩最终有了突破，在最后的考核中爬到了良好的成绩，滑降也得到了教员的认可。虽然这并不是我理想中的成绩，但是我也明白了那句在部队里常说的一句话：只要你肯练，没有你练不上去的东西，练不好没有成绩只代表你欠练。

离　　别

在部队里，除了有艰苦的训练，也还有着温暖的牵挂，而最让人舍不得的，就是战友。她叫侯杉杉，是和我一起从上一个单位来到特战旅的女生，我和她的相识始于在新兵连时抢同一个淋浴头。那时的我们为了能尽快洗完澡回到班里，每个人都是用百米速度冲到淋浴室。记得那天下着雨，我们刚打完靶回来，身上全是泥，我急匆匆地跑到了淋浴室洗澡，可已经没有了位置。这时侯杉杉看到了一身泥泞的我，赶忙拉我到她的位置，嘴上还说：你怎么不换个衣服再来啊，感冒了多难受啊！她是第一个在部队里对我如此嘘寒问暖的人，一股暖流顿时涌上我的心头。通过之后的聊天我才发现，原来一直以来她都对我关爱有加，只是没有一个合适的时间让我们一起坐下来聊一聊。从那以后，我们便成为在军营中彼此的那道光，开心的事和不开心的事，我们都会说一说。我们之间有一个属于我们两个人的日记本，记录着我们每天的训练和生活，彼此的进步都会使对方动力满满。可是，军令如山，第22次换岗时，她被选去了香港，成为驻港部队一员。与她的离别让我的每一天都变成煎熬，仿佛被抽走了生活的重心。可是就算再不舍，任务下达后也要坚决执行，因为在命令下达的那一刻，军人的生命就已交给国家，任何儿女情长都不再是个人情绪泛滥的借口。我们的分别也是我军旅过半的分界点,我很幸运她出现在我的军旅生涯中,这令我倍感温馨。我永远不会忘记我们在同一个训练场训练,在同一个饭堂吃饭;不会忘记我们一起夜岗站哨时海阔天空、畅谈人生。这种感情毫无功利色彩,不带世俗偏见,唯有真情实感,唯有不变情谊。在我最无助、最想放弃的时候,总会有她的鼓励和陪伴,她是我前进路上的那盏明灯。

带 新 兵

2019年10月,我被派往桂林担任副班长带2019年度入伍的新兵,从她们稚嫩的脸上,我看到了一年前的我。我们班的新兵大部分都是本科以上学历,只有一两个是高中刚刚毕业。当她们听到她们的副班长来自清华大学的时候,每个人都投来了羡慕的目光,可这对我来说却是莫大的压力。我知道,兵之初是新兵最关键的时候,如果带她们的骨干没有做好,就会发生上梁不正下梁歪的情况。因此我每天和她们一起起床、一起打扫卫生、一起训练,平时她们休息时,我还要整理她们每个人的档案资料,尽量熟悉每一个人。我试着站在她们的角度去看待自己:在她们看来,一名来自名校的学生,就应该是无所不能、什么都是最好的。我也努力做到了这一点,在训练中,我鼓励班里的每一个新兵把科目做到最好,我以身试教,任何训练都是第一个赶到最前面,把自己最优的一面展现给她们,让她们觉得班长和她们是永远在一起的。虽然带新兵让我错过了很多其他机会,但是也让我悟出了很多道理:要干好工作、干出成绩,就必须多动脑子,多俯下身子敢问为什么,要把精细化的日常工作做到精益求精,把想到的做到,把做到的做好,对自己要高标准、严要求,以身作则,做好表率,尽心尽力地去完成班长和领导交给的任务。

总 结

临近退伍,回想两年来的军旅生活,作为一名特种兵,我没有跳伞、没有潜水、没有干很多作为特种兵应该干的事情，仿佛当了一个"假"的特种兵。可是，我始终以特种兵的身份来要求自己，我坚持遵守每日生活制度、坚决完成上级下达的命令。通过自己的专长，我还教会了连队里40多人游泳。可以说，两年的军旅生活很平淡，我的心情也因为一些机会的错失大起大落。但这两年教给我更多的是，无论身处何地、怀揣着一个什么样的梦想，一个人都要踏实地做好每件事、过好每一天。也许你现在的所思所做并不是你的梦想，总觉得每天过得都很平凡，仿佛离梦想越来越远，但一切的不平凡都起于平凡，一切的坚持终将会迎来曙光。把每一天都认真地度过，你经历的一切会让你更强大，让你更接近心中所想。我永远不会忘记军旅生涯给我的教诲，不会忘记军人身上的这份责任与使命，它们将伴随我一生。我为自己当过兵而感到无尚光荣！

永不褪色的迷彩情结

个/人/简/介

李春龙，男，彝族，共青团员，1999年9月出生，云南曲靖市人。2017年考入清华大学化学工程系，2018年9月入伍，服役于中国人民解放军火箭军某单位，2020年9月退役。服役期间表现优异，担任操作号手、新闻报道员等职务，被评为"优秀义务兵"。

> 生活就像跑步，坚持越久，跑得越远。
>
> ——李春龙

秋风吹响驼铃，流水送别离人。临近9月，我也成了战友口中的退伍"老兵"，其实两年义务兵远远称不上"老"。当战友亲切地称呼我"老兵"时，我也是笑答："老兵算不上，我就是个小兵。"纠结这个"老"字，一方面是因为我觉得身处火热军营，年纪较长的班长在训练场上尚且雄姿英发，正处弱冠之年的我更应是朝气蓬勃；另一方面，一声"老兵"更是加深了我的不舍和惆怅之情。我舍不得这群相处了两年的战友，更舍不得这片火热的军营。

离别之际，回首过去两年军旅生活的点点滴滴，酸甜苦辣、喜怒哀乐，种种滋味都在心中跳动。偶有迷彩芬芳，扑面而来，两年仿佛一瞬。

手拉手，肩抵肩，一锹一镐铸就钢铁长城

2018年9月13日凌晨4点，我没有惊动熟睡的舍友，一个人悄悄带着行李走出了宿舍楼。在和学校老师握手告别后，我坐上了去往东北的高铁。当我望着越来越空旷的平原时，内心也愈发空荡。

下午4点10分，我同众多新兵一同抵达了新训单位。客车刚到门口，就传来一阵欢快的锣鼓声，把舟车劳顿的疲倦感冲散了不少。下车后，班长们过来抢着帮我们把行李送上了楼。后来我辗转了数个单位，听了好几个战友的故事后，才发现帮新同志提行李是各个部队的一大传统。当我慢慢融入部队生活后，更是惊奇地发现其实像这样暖心的事情有很多：比如白天替干活儿的战友打饭、晚上帮站岗的同志铺床，等等。我想部队战友的情谊就是像这样从见面就开始落地生根，然后在朝夕相处的日子里发芽成长，日久弥坚。

到部队的第一天晚上，劳累一天的我本以为可以休息，但是一声集合哨打破了我的幻想。当晚，我们就开始融入部队的工作中。单位打算紧急修建一个晾衣场以应对新同志过多造成晾衣困难的问题。于是在班长的组织下，

清华园里的退伍老兵（第二辑）

我们100多个新兵排成了长龙，从远处运来砖块，不到半小时，就将占地约100平方米的沙地铺成了整齐的砖地。我想这就是部队团结的力量吧。后来，我每天的工作基本上都是在团体协作下完成的。我忘不了和战友们冒着严寒、喊着口号一起铲雪的夜晚，也忘不了和班组成员们在电闪雷鸣的恶劣天气下搭建帐篷的雨天，更忘不了和比武队友们在灼热跑道上相互扶持的炎夏。特别是在地震过后的慌乱黑夜里、疫情笼罩的恐慌阴霾下、洪水到来的紧张气氛中，每当我看到整齐的军人队伍时，我就好像看到了希望。因为我相信每个军人身上散发出来的星星之火汇聚到一起，就能点燃火热的军营，并以燎原之势赶走黑暗、阴霾。我想也正是有了平日里手拉手、肩抵肩磨合出来的默契和友谊，众多来自天南地北的个体才能在艰难时刻心连心，共同铸就钢铁长城，守护祖国安康。

斗风雪，练体魄，滴滴汗水见证成长历程

北方山里的雪下得确实早，十一国庆刚过，一股寒流就给上早操的战士们的防寒面罩上抹了一笔白色的胡须。紧接着，便是"忽如一夜春风来，千树万树梨花开"的繁雪。北方的雪不似我南方家乡的那般温润晶亮、入手即化，而是像白色沙尘暴一样。每当风雪呼啸吹来落到脸上，总会感觉火辣辣地疼；鼻子一吸，鼻毛就会立即竖起。步入隆冬，气温渐低，有时竟能达到-30℃。有的战友拉单杠时为了抓得牢，便脱了手套赤手上杠，雪地里的铁杠会粘手，一组练习下来，手上就会留下一道红印。有时战友也会开玩笑地说："以此为证，今天是拉过单杠的了。"入伍前，我是最怕冷的，一到冬天，我的十指就会被冻成"香肠"，又疼又痒，所以我对"千里冰封，万里雪飘"的北国风光更是忌惮许久。不过，奇迹的是，一整个冬天下来，我的手指竟完好无损。后来想想，部队里握枪的手的确会比学生握笔的手糙实许多。

练就钢筋铁骨是部队的必修科目，但我更大的收获是练血性。在警卫专业中，倒功训练是我的短板，我一倒下，浑身就会一震，双臂发麻，脖子疼得抬不起头来。但是班长说："练倒功看的就是血性，有血性的倒下去也是直

挺挺的，血性不足的没倒一半双腿就软下去了，但军人应该越疼越有血性。"于是，训练量加大了，当筋疲力尽时，大家心里都憋着股劲儿，喊的口号格外响亮。那时，我想到了鲁迅先生说的："不在沉默中灭亡，就在沉默中爆发。"抗美援朝战争中，志愿军们就是在双方武器实力对比悬殊的逆境中，用生命抵御强敌，彰显了民族坚强的血性。将血性融入骨子里，便不会在逆境中沉默，而是会在逆境中愈战愈勇、绝地反击。

"不怕苦"不是一句口号。当我自己也吃过些苦头时，才知道敢叫出"不怕苦"的人才是真正吃过许多苦的。入伍前，当我看到站岗的哨兵时，只觉得真是昂扬挺拔、英姿飒爽，但当我也戴上沉重的头盔、穿上厚实的防弹衣、握住坚硬的钢枪站到岗楼里，并开始一天24小时不间断的轮班执勤时，我才发现站岗是场艰难的拉锯战。每分每秒都是对耐心和毅力的磨砺，每次压制住动一下的想法都是一次思想斗争的胜利。70周年国庆阅兵中的阅兵方阵备受世界瞩目，我十分佩服那些参与阅兵的战友们，因为身处军营，我能更加深刻地体会到烈日下训练的艰辛。"痛苦难道是白忍受的吗？不！它应该使我们伟大"，从受阅归来的战友身上，我真切地感受到了他们的蜕变成长。正如习主席所说："现在，青春是用来奋斗的。"奋斗的环境不会是安逸的温床，奋斗过的青春肯定会培育钢铁一般的意志。

守本职，走四方，祖国河山温养自强兵心

服从命令是军人的基本素质，这意味着接受，无论是想或不想，喜欢或不喜欢，都要坚决服从。分配下连时，我到了保障单位——不是我心仪已久的作战单位。毕竟作为一名导弹兵，我一直向往导弹呼啸腾空的时刻，得知我的去向后，一位清华国防生学长特意嘱咐我："不管去哪儿，干好本职工作"，这句话一直被我放在心中。

下连后，在白山黑水间，部队日常生活如一幅画卷徐徐展开，其中滋味总是令我在梦回当初时难以忘怀。生活中除了训练这道主菜外，也有部队的其他工作作为调料融入其中，让驻守平凡的岗位也变得多滋多味。当我第一

次进行植被修剪、喂养军犬、整地种菜、洗车刷漆、炊事帮厨、维修保养等工作时，竟是手足无措，于是我深刻地认识到"技多不压身""活到老学到老"这些耳熟能详的老话果然是至理名言。在军营这所大学校里，知识不仅藏在书本的字里行间，更孕育在生活中的许多平凡之处。比如，从精通专业技能的班长身上，我总能学到满满的实用技巧，这些在实践中沉淀结晶出来的技巧经验，在书本中是难以学到的。在他们熠熠生辉的精神世界里，我看到的是他们对本职的热爱，这份挚诚的热爱指引他们在丛林大山里默默无闻，奉献青春。

今年春节后，抗击新冠肺炎疫情的硝烟正弥漫在武汉上空，武汉人民的安危牵动着全国人民的心。我在执行任务时，途径好几个城市，当我从远处看到城市建筑物上充满"武汉加油，中国加油"的字样，看到全国兄弟姐妹们众志成城抗击疫情时，我为祖国的团结感到自豪，我和战友们手中的钢枪也握得更加强劲有力了。任务途中，东北的玉米、中原的小麦、内蒙古的草原，从播种到收割，祖国的土地上一片生机勃勃，孕育着劳动者们的殷切期盼和祖国蓬勃发展的强大动力。也就是在那时，我憧憬轰轰烈烈战斗的想法悄然转变。当兵为战，但绝不是挑衅的战斗。未入清华，便知道清华校训："自强不息，厚德载物"，历史的惨痛教训要求我们牢记历史、自强不息，但在追求繁荣昌盛的同时，并不意味着压迫。正是有了和平，我们广阔的土地才能够长出蕴含希望的粮食；正是有了包容，我们的民族才能在和平中安居乐业。

别军营，望紫荆，一生一世永葆迷彩军绿

当兵之初，当我被问及为什么要来部队时，我的回答通常是锻炼体魄、增长见识之类的话。然而，经历了两年的部队磨炼后，现在再次听到有人问我当兵的原因时，我想得更多的其实是：当兵两年，我能为部队做些什么？在茫茫的人海里，我是哪一个？诚然，匆匆两年，作为普通一兵，我只是守在自己的岗位上做好本职工作、尽到义务。但在茫茫人海里，不管我是哪一个，不管我在祖国的哪片河山，我都会是融入祖国的那一个。

"50年代有激情岁月,六七十年代有上山下乡,80年代有思想激荡……",没有赶上建国前的兵荒马乱,也没有经历建国初的风云变幻,在已成长起来的国家的庇护下,我们是幸运的。在这片土地上,有我们的家人,有我们的劳动成果。我们是主人翁,便要踏踏实实做好本职工作,将个人梦想融入中国梦中,以"中国速度"向前进步。

作家柳青说:人生的道路虽然漫长,但紧要处常常只有几步,特别是当人年轻的时候。面对困境与磨难,人应该有怎样的抉择,迈出怎样的步子?从学校象牙塔到火热军营磨炼,是我大学一年后的选择,我相信握过枪的手握起笔来定能挥斥方遒,当紫荆花烙印上迷彩军绿后,定会开得愈加灿烂。

军营里学到的二三事

个/人/简/介

何敏,男,汉族,共青团员,1997年10月出生,云南曲靖人。2016年考入清华大学土木工程系,2018年入伍,服役于中国人民解放军某部队,2020年9月退役。服役期间曾担任连队文书兼军械员职务,先后多次参加年度重大军事演习、侦察兵集训,被评为"优秀新兵""优秀义务兵"。

生死看淡，不服就干。

——何敏

光阴似箭，日月如梭，恍惚间，我已跑完军旅路。站在军旅生涯的终点线，回首逝去的日子，两年青葱岁月就像一个千滋百味的罐子，五味杂陈，有甜蜜、有心酸、有洒脱、有挣扎、有热血、也有委屈……

由于家庭的潜移默化，成为一名光荣的革命军人的理想从小就在我的心中深深扎根。大二学年结束，我选择携笔从戎，用实际行动践行自己儿时的梦。带着年少挥斥方遒的豪迈，脑子里无限憧憬，胸膛里激情洋溢，我兴高采烈地来到部队，准备在军营里大施拳脚。可军旅大多数的日子没我一开始想象得那么波澜壮阔、那么诡秘精彩。军营这所大熔炉用它刚毅、平凡的真面目教会了我二三事。

军营教会我的二三事

我在这里学到的第一个道理是用实力说话，实力才是硬杠杆，是立身处世的定海神针。部队存在的意义是打胜仗。想要打胜仗，实力是军人的通行证，是军人为自己在单位争取地位最可靠的捷径。"喊破嗓子，不如甩开膀子"，这是时常萦绕我们侦察兵耳边的一句话。对谁不服气，比武场上来一动，谁厉害谁趴窝一目了然。刚入伍时，正是在这种浓厚的竞争氛围下，我经常约老班长比一动、和周围战友赛一场，也因此逐渐建立了自信，使我一路激励自己不断挑战极限，争取荣誉：新兵结业考核第一名，专业训练结业考核第一名，引体向上由原来的20个出头进步到50多个，5公里由原来的23分多进步到19分钟，新兵团演讲比赛第一名……我成功推开军营的大门，一路过关斩将，在战友们眼中从原来的书生蜕变成合格战士，此后我的名片不仅仅是"清华的"，还有"嗷嗷叫"。

部队教会我的第二件事情是平淡也能有滋有味，坚守平凡才能精彩非凡。

清华园里的退伍老兵（第二辑）

下连后，我的军旅生活可不再像新兵生活、集训选拔那么令人激昂奋进，生活换了另一个面容——平淡，白开水似的平淡成为我生活的主味。反反复复的日常工作将我的激情消磨殆尽，我开始了军旅生涯的第一次"叛逆"，慢慢开始觉得部队的真面目远远偏离自己当兵前的憧憬，不那么刺激，不那么热血。我甚至越来越抵触军人的普通平凡、默默奉献。我就在这样自己与自己的对抗中一天天熬着，直到我觉得不能再这么迷茫下去，宝贵的两年时光不应该浪费在纠结中，而应该积极调整状态，快速适应另一种我没想象过的军营生活。我开始冷静思索"当兵到底是为了什么"这个问题。慢慢地，自己开始清晰地把影视作品、军事小说、野史杂谈传播给我们的观念和现实区分开，知道尽管它们大多数具有真实性，但仅仅是军营生活的剪影、精彩的荟萃；而我们在现实生活中要学会用心度过每一秒、普普通通却意义非凡的每一秒。选择当兵入伍、努力争取荣誉、军营生活的轰轰烈烈等这一切不是为了博人眼球，不是为了别人的鼓掌喝彩，而是为了能合格地履行作为一名军人的义务，实现自己的夙愿，是为了不把当兵这件事蜻蜓点水般糊弄过去，是为了给自己留下美好回忆而不是遗憾。

军旅生涯蕴藏的第三个道理是直面挑战才是最理智的选择，敢做难事才令人敬佩。部队是勇敢者的天堂，是懦弱者的地狱。在这里，大家都喜欢勇于挑战、不惧困难的男子汉。因为新兵结业考核取得第一名，我能够自由选择岗位。当时我面前的选择很多：大家公认轻松悠闲的驾驶、新兵班长推荐给我的通信，甚至可以选择不在基层……我却选择了一份很多战友觉得很苦的岗位——成为一名富于挑战的侦察兵。当时单位领导都劝我说这个岗位容易受伤，太危险，作为一个"高才生"，要不换一换？但这些更坚定了我要在战斗班排有一番作为的决心。每次熟悉的战友休息时我仍在训练，虽然很累很痛苦，但是一看到他们都向我投来羡慕的眼神，还有的向我竖起大拇指，我的内心就非常自豪，非常开心。在专业训练后期，当我知道考核前两名将会被特别培养为狙击手时，我又在心中默默下定决心，一定要成为一名狙击手！我比同为侦察兵的战友更加斗志昂扬，每次跑步都要比他们跑得快、跑得远。那是我军旅生涯最难忘的一个月，我每次早上跑得腿一瘸一拐，中午休息一下，下午又接着攻克一个又一个技能课目。在这一个月，我不仅仅切身体会到了魔鬼训练的酣畅淋漓，满足了自己当真兵、真当兵的梦想，还收获了沉甸甸的战友情，由于大家一起承受着极限的身体考验，战友们相互鼓劲，共渡难关，我们建立了深厚的友情，以后每次大家在一起想起那段时光，都觉得格外甜蜜，格外美好。因此，敢担责任，敢做难事，必有所得！

我是看了电视剧《我是特种兵》后选择当兵入伍的。我喜欢射击，每次子弹唰唰地在荧幕前飞过总令我羡慕不已。参军入伍后，我很珍惜每次射击的机会。在军营，我的这个小心愿得到了充分的满足。但是，这只是我在部队得到的一小部分，在这所大学里我淬炼了自己，经历了原来在象牙塔里没机会经历的磨炼，收获了这两年我最宝贵的人生体会——军营教会我的这二三事。

我是一名狙击手

来到部队我畅快地体会了自己最喜欢的课目——射击。还记得去集训的时候，不论天气怎么样，早上天刚亮我就带着自己的枪去靶场开始组织射击，雷打不动，一直打到天黑看得不清。因为太喜欢射击了，所以三餐都不想回去吃，嫌浪费时间。我的同年兵们很细心，每次都给我带饭，有些时候他们还偷偷地给我加肉。后来大家都习惯了，一到饭点就会开玩笑说："哟，何敏，你不会又准备把子弹当饭吃吧？"那时我就觉得能打上枪，不吃不睡都很满足。也正是那段时间自己打了无数的子弹，回单位后一直成为自己吹牛的资本……作为一名狙击手，参加射击课目的机会是最多的，这充分满足了我的爱好。距离退伍还有不到一个月的时间，单位组织某新型狙击枪实弹射击。我一个人就打了近50发，把我肩窝都震得生疼，过了一个周还有一大块红色的印记没有消退。

这些都是作为一名狙击手痛快的地方。要想成为一名合格的狙击手，经历的选拔是苛刻的。出去野营驻训的时候，每天早上战友们还在呼呼睡觉，我们已经提前一个小时起床背上背囊，穿着战斗装具在崎岖的山路上汗流浃背了；别人晚上在休息，我们还在外面狂奔；当大家训练完吹牛休息的时候，我们还顶着烈日趴在地上一动不动举着枪，同时还要忍受教练员的各种"挑逗"；训练结束，其他战友都走路回去了，我们扛着枪往回冲，教官在后面开着车一路追，要是被追上还有"额外加餐"……还有很多专属于我们的特色"套餐"。

一名很有喜感的战友

　　我有一位来自湖南的战友，我和他是在专业集训时认识的。他入伍前经常利用课余时间做兼职，都是体力活，比如工地上搬砖、给全楼的宿舍换水等，所以他长得很壮实，全身都是硬邦邦的肌肉，上身是明显的倒三角。因为他练过散打，我们就叫他"散打"。也正是因为他这么壮，所以走起队列来非常不协调，一直成为我们那段艰苦岁月的最大乐点。记得有一次好不容易大家调休一晚上，他晚饭过后就去上厕所，不久哭丧着脸回来告诉班长："班长，我犯错了。"他平时训练成绩有些欠缺，是班长重点关注的对象，班长一听他这么说就很生气地问他发生了什么。他说："我上厕所出来吃了颗糖，被纠了。"我们听完都很好奇，吃颗糖还不至于这样呀，我们都以为他因为太老实被其他人欺负了，就都围过去问他当时什么情况，他就边说边做："我就走了一步，纠察就把我叫住了。"看到他做出的动作，我们全都笑得前仰后合——他顺拐了。班长又好气又好笑地呵斥他："滚去站哨，好好想一想你到底为什么会被纠！"现在每次我们在一起都还会提起这件事，他都会红着脸蛋不好意思地笑。

难以名状的战友情

　　一生战友情，一世不了情。"战友"是一个令人心安且温暖的称谓。十分幸运，我的军旅路上也有一群让我心安、让我温暖、让我不敢松懈的战友。

　　新兵结业后，我们被挑选进侦察集训，和我一同去的有3人。刚进去的时候，一时还接受不了里面高强度、高压力的训练模式。长跑是我们都恐惧的项目，毫不夸张地讲，我们中的每一名战士都因长跑放弃过自己。后来我们单位又选了4名同志加入我们，他们在原来的单位都是"明星人物"，但是都不满足于安稳舒服的日子。当兵就要当尖兵，执行最棘手的任务，挑战最厉害的班长是我们共同的心声。可是他们刚来一周，参加完我们一周的训练后，都争着想回老单位，有的甚至闹了脾气。当我们8人中一个坚持不了的时候，其余人就会和他分享自己崩溃的那次心路历程，就这样，我们在训练、考核中相互竞争，可在生活中却紧密联系，相互鼓气加油，互相分享经验。就这样，我们这个集体每次考核都稳居第一，在最后专业结业考核中，我们8人都进入前10名，创造了我们单位一个神话。集训结束后，我们也没有懈怠，回单位就创造了不少的新纪录，我们中很多人都成了新纪录的保持者。

说到荣誉，这让我想起了我的另一群老战友，他们获奖无数，多次立功，是我在军营最佩服的一群人。尽管他们已经有了令他人羡慕不已的辉煌时刻，但是仍在努力拼搏，争取下一个辉煌。因为我们专业吃的是靠体力的"年轻饭"，所以他们要想和我们竞争，超过我们，得付出双倍、甚至十倍的努力，有的同志甚至因此负了伤，可在他们眼中，荣誉是军人的第一生命，为了荣誉，付出多少都不为过。也正是这种积极进取、敢于挑战自己的精神把我们紧紧地团结在一起，成为我们战友情里最宝贵的一部分，成为鞭策我一路向前不竭的力量源泉，成为值得我一辈子怀念的那群人、那些事、那种情。

第四章 荣誉

荣誉是人生的亮色。对于战士而言，荣誉比生命更宝贵，"争第一，抗红旗，杀杀杀！"通向荣誉的道路上并非铺满鲜花，反而布满荆棘；不经艰苦就得不到桂冠，不经检验就得不到成就，不经磨难就得不到荣誉。他们的选择本身，就是荣誉的象征。

社会科学学院王昊致力于理论学习，在知识竞赛中取得成功，回校之后积极参与到征兵宣传工作中；公共管理学院付轲两次参与朱日和驻训和全军战略演习，春节的夜晚还坚守在岗位上；新闻与传播学院韩瑞瑞积极进取，苦练业务基本功，在全军比武中拔得头筹；社会科学学院赵金龙两次出国参加比武集训，从尖刀班到特战队，像狼一样经受着严苛的训练；社会科学学院李庞帅为训练有线通信架设跑到小腿抽筋，手上满是爬杆儿扎的刺和磨出的水泡，最终在专业考核中名列前茅；能动系马文鼎发挥自己的专业优势，改善老的防毒面具，设计新的校枪仪器，知行合一；化学工程系时佳森面对命令义无反顾，10余次随舰参与重大演训任务，三次被评为"四有"优秀军人；水利水电工程系王庆鑫在实兵对抗演习中同恶劣环境作斗争，夜路中奔袭3000多米追捕对方士兵；工业工程系李畅在五六十摄氏度的高温中检修飞机，在冰雹天用自己的被子保护战机，守卫国家财产。

荣誉是和平凡的合作与对抗。"不想当将军的士兵，不是好士兵。"平凡是军旅生涯的考验，更是人生的考验，但是经历过平凡却又不甘于平凡，敬畏平凡却又不囿于平凡，才能在平凡的工作中做出不平凡的业绩，成就不平凡的事业。

光荣在于平淡,艰巨在于漫长

个/人/简/介

付轲,男,汉族,中共党员,1995年8月出生,安徽金寨人。2013年考入清华大学人文学院,2015年9月入伍,服役于中国人民解放军某部队,2017年9月退伍。服役期间曾参加庆祝中国人民解放军建军90周年阅兵,被评为"优秀士兵",荣立个人三等功。2019年进入公共管理学院攻读研究生学位,曾任校TMS协会总会副会长、人文学院学生会主席、校团委组织部组长等职,现任人文学院政治辅导员、人文7党支部书记、校团委组织部副部长。曾参加庆祝中华人民共和国成立70周年群众游行,获清华大学优秀毕业生、优秀共产党员、优秀学生干部、优秀共青团员、庆祝中华人民共和国成立70周年活动先进个人、2019年学生年度人物、北京市三好学生、优秀毕业生、优秀在校退役大学生士兵及清华大学综合优秀奖学金等荣誉。

> 世界上只有一种英雄主义，那就是认清生活真相后依旧热爱生活。军营生活，不仅令人感到辛苦和疲惫，甚至偶尔让人感到枯燥和乏味。但军营对于每个渴望收获成长和进步的青年来说，也是一所很好的学校，而且它带给我们的远比我们想象的还要多！
>
> ——付轲

逝去的遥远

位于内蒙古锡林郭勒盟的朱日和大草原一望无垠，每当傍晚来临，落日的余晖便会倾泻在它的脊背上。曲曲折折的黄土路纵横交错着，战车坦克时而轰鸣而过，卷起阵阵狼烟。远处的山峦绵延起伏，在沉沉暮霭中与天地融为一体，就像是一幅墨绿的画卷被岁月染上了淡黄，会让人感到静谧安宁。

每当这时，我和战友们总会风尘仆仆地归来，走进帐篷，放下行囊，等待着黑夜的降临，又等待着黎明的到来……

2017年9月，我第二次站在离开朱日和的火车上。汽笛声响，我看着列车逐渐加速，顺着冰冷的铁轨离开这片我无法割舍的土地。我知道，这样的生活将不再回来，这样的景色也无法再见。但这个地方、这群人、这段感情，是我永远无法言说、也无法割舍的回忆。

《瓦尔登湖》里有一句话："如果有一个人曾真诚地生活过，那他一定来自一个遥远的地方。"从某种程度上说，我的军旅生活是没有遗憾的——既参加过大项任务，也获得过荣誉。但于我而言，真正使这段经历变得值得且重要，乃至深深烙印进我的血脉里，是这被动又主动的"遥远"——它让我收获了一段真诚的生活，一种规律性的脉搏。

战友即兄弟

犹记2017年夏天在内蒙古朱日和驻训时，我多次半夜12点从机关出公差回帐篷，训练了一天，难免有些疲惫。

夜晚的内蒙古，天空中满是星星，一眼望去，微风吹动着连旗，每一个泛黄的路灯下都站着一个哨兵。

走到连门口，岗哨问我："班长，你怎么才回来？"

黑夜里，我嗯了一声，拍了拍他的肩膀。我小心翼翼地拉开帐篷的拉链，害怕吵醒了熟睡的战友。就着月光，我看见帐篷里的空地上有一盆早已打好的水，牙缸牙刷整齐地放在黄色脸盆旁边。抬起头又看见我那早已被铺好的床铺，白色的床单、深绿的被子、浅绿的枕头，没有任何多余的东西，无比简单，却让我感受到了无边的温暖，就连战友平时烦人的呼噜声，在那一刻也成了摇篮曲……

初入军营，班长们就教我们相互体谅，把战友当成兄弟。那些和战友们相处的瞬间又一一浮现在眼前。想起退伍前的一次站岗，我与即将分别的战友谈人生和理想，他说他要回到家乡。在中国这片广袤的土地上，他不得不用省市县镇村这么多的界限去告诉我他来自哪里。繁星点缀着他背后浩瀚深远的夜空，我想，他用的界限越多，我越会感到缘分的珍重、感情的可贵。

坚守的意义

"男儿何不带吴钩、收取关山五十州。"跃马扬鞭，驰骋疆场，也许是每个男生都曾有过的梦想。入伍之前，我只是幻想在部队能够实现它，但是现实偶尔比想象还要美好。

参军两年，我曾两次跟随单位奔赴朱日和草原驻训，而令我尤为难忘的是第二年，我以步战车车长的身份参加了全军战略演习。演习归来，我站在车长舱里，看着辽阔的草原上飞驰的战车，听着发动机发出的轰鸣声，那一瞬间，我好似回到了古时的沙场，战车就是战马，战车的轰鸣就是烈马的嘶鸣。镇守四方、保家卫国，自豪与骄傲在血性男儿的胸膛里激荡。

这种自豪与骄傲不只在重大战略任务中才会涌现心头，更会在日常的细节中直击心灵。2017年春节假期的某个夜晚,我和战友起床去站岗。下了一天的雪在地上积起几公分厚,我们踏雪走到了岗亭,向上一班值守的战友敬礼致意,然后站上了岗位。

那是我在部队度过的第二个春节,两年没有回家,我格外思念家乡与亲人。凝望着静谧夜空中绽放的烟花,偷听着一墙之隔外响起的欢笑,我的心情逐渐沉重,甚至连泪水都开始在眼眶里打转。然而当我抬起头,看见对面路灯下手持钢枪、肃然挺立的战友,他的目光是那样坚毅,我的内心仿佛瞬间被一束光照亮。

一家不圆万家圆,许许多多战士在此刻的守卫,换取了整个国家的安宁太平。那一刻我突然明白,这就是我们存在的意义,也是我们坚守的意义。

在我军旅生活中,这虽然不是最高光的时刻,却是最难以忘怀的回忆。也就是在这个夜晚,我深刻体会到了中国军人忠于职守、保卫家国的价值和责任与使命。

不一样的体验

翻开自己在部队写下的日记:

冷,刺骨的冷。天亮得晚了,黑得早了,因为冬天来了。傍晚,站在训练场上,远方的天空或白,或红,或蓝。残阳如血,铺在旁边小区的楼房上,给我的感觉就像小时候冬天傍晚的宁静。

这些雪花落下来,多么白,多么好看。过几天太阳出来了,每一片雪花都变得无影无踪。到得明年冬天,又有许许多多雪花,只不过已不是今年这些雪花罢了。我很欢喜,因为此刻我可以放心地说这个冬天它过去了。自从套上手套,北风第一次呼啸的时候,我都在热切地期盼着它早点离开。我害怕寒冷,寒冷似乎让我失去了所有的斗志……

20多岁了,我好像从来没有与大自然这么亲密过。在过去,无论阴晴雨雪，我都坐在温暖的教室或图书馆里，但在部队，不管刮风下雨还是电闪雷鸣，都有必须要完成的训练任务。

犹记在新兵连，45名年轻的战士在滂沱大雨中恣意奔跑，雨声越大越激烈，战士们的步伐越整齐越有力，喊出的"一二三四"越坚定越激昂；犹记在寒冬拉练中，飘飞的雪花铺满了战士们的背囊，覆盖了前行的路，但红色的连旗却在大雪的衬托下更加鲜艳；犹记在建军90周年阅兵训练中，朱日和的骄阳晒破了我们的脸颊，迷彩服被汗水浸透又晾干。烈日当空，身边有战士因体力不支而倒下，却从未有一个兵主动退出。

我感谢这样的经历，它不仅让我多了对自然的观察，更让我多了对生活的关注和对人生的理解。潮起潮落，花开花谢，自然面前，我们很渺小，但生活会一直继续。

血与汗的回忆

时至今日，我对过往的军旅生活更多的是留恋，但偶尔翻开日记，也会回想起那些在日复一日枯燥生活中偶然泛上心头的小情绪与抵触。

曾反感班长因一点小错就评头论足一小时，直到我也要站到队列前厉声说出"你给我站好"；曾没事就跟班长搞点不愉快，直到我也开始学着给新兵做思想工作；曾感慨班长拿起拖把就用手洗，直到我也抓起刷子面不改色地刷厕所；曾想有朝一日坐着步战车飞奔，直到我也指挥参加演习……

忘不了那些血汗与泪水交织的日子。寒冬腊月里，在尚未解冻的雪地练爬战术，脚一蹬就窜出去好几米；徒手端着枪在雪里趴上半个小时，被冻得失去知觉；骂骂咧咧却也相互鼓励着冲过终点的5公里，为了上阅兵场在内蒙古的夏天一动不动站立的几小时；六菜一汤两主食、硬梆梆的馒头、扛起的锹扛与扫把……那么多，那么多，现在说也说不尽，却是所有军人都明白的东西。

这些经历，这些改变，不是每个年轻人的必由之旅，却是每个军人的必经之路。当你作出了选择，就要承担起肩上的担当与责任。

再见,我的军旅生活

  两年不长,却也非三言两语能道尽。部队就像个巨大的旋转木马,四季更迭,光阴变幻,同样的故事还在重复。这种重复似乎有些单纯和乏味,但养兵千日,用兵一时。光荣在于平淡,艰巨在于漫长,军人的青春就是祖国的钢铁长城。

  加西亚·马尔克斯曾说:"回忆如此玄妙,她总会抹去坏的,放大好的,正因如此,我们才得以承担过去的重负。"此时回首,那些好的、坏的都是好的,那些光荣的、耻辱的都是光荣的,那些欢乐的、痛苦的都是欢乐的。

人生需要磨炼，我的迷彩青春

个/人/简/介

李庞帅，男，汉族，共青团员，1992年4月出生，河南新乡人。2012年考入清华大学经济管理学院，2016年9月入伍，服役于铁军54集团军某旅，2018年9月退役。服役期间表现优异，被评为"新兵三十佳""优秀士兵"，荣立个人三等功。2018年进入清华大学社会科学学院攻读硕士学位，曾获多次国家奖学金、清华十佳优秀运动员和北京市优秀运动员等荣誉。

理想是人生的太阳，信念是事业的风帆，拼搏是成功的翅膀，人生要向前看，不要怀念过去。

——李庞帅

初 入 军 营

相信很多人小时候看到军人都会有一种亲切感，都在心底藏着一个绿军装的梦，我便是其中之一。当兵的这个想法，并不是一时的冲动，而是儿时在姥姥家看到当兵回来的舅舅穿着帅气的军装时，看到他的挺拔自信与不同的气质时就有了的萌动，然后这颗种子随着我的成长一点点生根发芽。

2016年9月13日，一个阳光明媚的日子。在和同学告别时，我的心中难过万分。我知道自己在部队的两年时间里会发生很多的事情，两年后回到清华这个大家庭中，或许我们已经走在各自的人生道路上，各奔东西。大学四年的感情让我有些难舍，但既然作出了选择，就要勇敢面对远方的征途。带着全校师生、同学以及父母的期望，我踏上了人生新的征程，开始了期盼已久的军旅生活。也在这一天，我明白了我不再是一名普通的大学生，而是一名携笔从戎、肩上承担着保家卫国神圣责任的新时代军人。

在吕老师的陪送下，我去到了海淀区武装部，在那里还有十几个同我一起出发的战友。在接兵干部的带领下，我们坐上了南下的火车，在火车上我们同一批的战友慢慢熟悉着彼此。

刚下火车时，外面一直下着雨，我知道我们的第一次考验开始了。在大雨中，我们一排排地站着等着大巴车的到来。到了部队，新兵班长把我们带到新兵训练的宿舍。接下来就是在新兵连的3个月最令我难忘的新兵训练，对于我来说是最大的考验。之前作为一名运动员，我一直有一颗不服输、争强好胜的心。但是到了部队，我需要时间去适应这里新的生活、接受新的挑战。见识到军营里士兵们的优秀，我的心灵受到了一定程度的打击，但也促使我更好地锻炼自己。部队里分秒必争，在新兵训练中，新兵班长要求我们时间观念一定要强。在一次吃饭中，因为我们班的一名战友时间观念太差，导致我们吃饭的时间只有1分钟，这1分钟包括打饭、吃饭、洗盘子、列队。然而我们到了食堂排队时间都快1分钟了，所以这次我们没来得及吃饭就出来集合了。通过这件事情，我们知道了部队是一个时间观念很强的地方，这也是我到部队第一件难忘的事。那个时候的我们都想不到，就因为下来集合迟到了十几秒，就会有这样的惩罚。不过后来想想这样的做法是对的，这是新兵班长为了让我们强化时间观念，更加明确吃饭的时间点。班长规定了这一个星期每天吃饭的时间是3分钟，在新兵连里训练量比较大，而每天吃饭时间极短，导致我们这一个星期没有吃过一顿饱饭。我们班在训练中成为最萎靡不振的一个班，但经过这次事情，我们一群新兵在这个班集体中变得很团结。

因为我是新兵，刚到部队被子叠得慢，每天都需要提前半个小时起来压被子，不然出完操回来，在30分钟的时间里我无法兼顾宿舍卫生和豆腐块的被子。在新兵连的3个月，我们早上根本没有刷过牙，这不是我们不讲卫生，是我们真的没有时间去洗漱，哪怕是1分钟的洗脸时间都没有。新兵连期间我们每天的时间都被安排得满满的，但每天的生活也极其规律，可以说是充实而规律了。

新兵连最主要的训练就是体能训练，在入伍前自己就是一名体育特长生，所以在体能上没有太大的问题。但是班长总是对我有"特殊的照顾"——只要有一项被别的班超过了，我就要挨罚。我知道3000米是自己的弱项，因为很少跑长距离的3000米，所以每次在3000米测试上我都得受罚。不过正是这样的严格要求，才能让我在新兵结束的时候获得了新兵三十佳，这样的收获离不开班长的严厉教导。

连队最高的一炮手

下连以后，我们班被分到了防空营，而我们连队是双37高炮连。双37高炮需要6人操作：一炮手为方向瞄准手，主要负责火炮的方向瞄准；二炮手为高低瞄准手，主要负责火炮的高低瞄准；三炮手为距离装定手，主要负责开火装定目标的斜距离；四炮手为距离装定手，主要负责装定目标的航路、速度；五、六炮手为压弹手，主要负责向弹夹上压弹，以保证火炮的连续发射；七、八炮手，为弹药手，主要负责向弹夹上压弹，向炮上输送炮弹以供给五、六炮手。

因为一、二炮手需要在炮上坐着，大多数一、二炮手的身高不超过175厘米，这样才能保证火炮瞄得准、打得准。而我身高比较高，在炮上坐着腿特别别扭，一不小心就会碰到转盘，导致自己很难适应一炮手的位置。当时的我有些沮丧，因为在前一个月的训练中，我比别人训练的时间长，休息时间也会自己加练，但效果依旧不好。效果不好没有阻碍我加强练习，接下来的时间中我依旧会比其他人训练更长的时间，来适应一炮手的位置。皇天不负有心人，在3个月后的考核中，我获得了全连第一名。从这件事中让我明白了，什么事情不是绝对的，只要有恒心、有毅力、有不服输的精神，也许无法达到最高水平，但是一定能成为最好的自己，不会比别人差。

从那以后我就给自己定了一个目标，不管做什么事，一定要全力以赴。正是这样的信念，让我刚下连就获得了多次比武机会，在旅举行的春节军事比武上成为第一个获得第一名的列兵。

改革后，我从零开始

在下连队的下半年，我们赶上了部队改革。这意味着以前的专业被取代，我们又要从头开始学习新的专业。因为当时自己的体能在连队还不错，我被分到了指挥保障连，专业是有线通信架设。这个专业对体能有很大的要求，在专业技能方面要求也非常高。刚接触时，我发现自己的能力和以前本专业的战友们差距很大。因为处于改革初期，上级领导对于新专业非常重视。时间紧任务重，我们班每天都要早上一个5公里，下午一个5公里。作为有线兵，我们每天的训练都是跑步、爬杆儿、线头接续。专业训练是400米冲刺，先来10个热身，如果不能达到规定时间就要继续练。部队有句话叫"苦侦察、累有线、无线不讲人话、有线不走人路"，从中就能看到有线专业的辛苦。

每天专业训练500米收放线跑到小腿抽筋，爬杆儿扎得满手是刺，线头接续手指上磨出水泡，这些就是我第一次接触有线专业所带来的磨炼。每到周六、周日别人休息的时候，我们却比平时起得更早了，连长给我们班长下了命令，半个月要把专业练到合格。

虽然每天专业训练让我们感觉身心疲惫，但我始终相信，只要坚持和努力就能做到。第一次考核没有及格，但这更加激发了我的好胜心。在部队里，连长常常嘴边挂着一句话："武艺练不精不算合格兵""你自己的专业合格都难，上了战场第一个阵亡的就是你，更何况你们是部队之间联络的重要手段之一，现在你们这样连合格都做不到，真正打仗的时候你们怎么能顶得上？我们连队是指挥保障连，像你们这样怎么保障呢？我看你们是不是过得太安逸了，需要我监督你们吗？"我不想成为拖连队后腿的人，在经历这次考核不合格后，我就更加刻苦地进行专业训练，战友们每天跑10个我就跑20个甚至更多，早操5公里背着沙袋跑，晚上休息时间自己在连队俱乐部练习线头接续，爬竿儿的时候别人爬一次我就爬两次。如此训练，半个月后我的专业成绩都合格了，但我不满足于此。我一直坚持着自己的训练办法，最终在旅专业考核中我以爬竿儿第一名、总成绩第三名的成绩回报了我这段时间的努力。我想这就是我在部队得到的最难能可贵的精神。

两年的军旅生涯就要结束，入伍时我总觉得两年的时间很漫长，可是当退伍的日子越来越近的时候，我才发现自己对部队有太多的不舍和留恋。不舍得同甘共苦的战友就这样分别，不舍得离开这流过太多汗水的营房，更不舍得脱下这身承载着我青春与梦想的绿军装！

改变战场，不变初心

2018年9月我回到了学校。当我再一次走进熟悉而又陌生的校园时，反而有些不太适应。曾经的同学很多已经毕业，我也需要融入一个新的集体，去面对更多的挑战。每一名退伍兵身上总会有一些其他大学生不具备的品质，而这些品质正是部队带给我们最珍贵的财富。曾经的我面对困难时，首先考虑如何逃避,而现在的我遇到困难时,第一个想法就是战胜它,因为我明白只有战胜困难我才会成长。从部队回来以后,改变的是战场,不变的是那一颗不服输的心。在部队,我们永争第一,坚忍顽强,我相信回到学校我依然能够不褪本色,再创辉煌。

回到学校以后,我向体育代表队申请继续训练,完成我未完成的体育梦想。我的军旅梦已经完成,剩下的冠军梦我要继续前行,不在青春留下遗憾,才是不负我的青春。

不忘初心，继续前行

个/人/简/介

马文鼎，男，汉族，中共党员，1994年1月出生，辽宁沈阳人。2012年考入清华大学能动系，2016年9月入伍，曾服役于原中国人民解放军陆军某集团军两栖机械化步兵第一师某红军团，2018年9月退役。服役期间表现突出，思想政治基础过硬，群众基础好，当选为集团军第一届团员代表。获得"党的十九大精神知识竞赛"三等奖，并当选"宣讲习主席讲话精神基层理论骨干"。2018年9月进入能动系攻读研究生学位，并于2019年8月担任清华大学能动系9字班新生军训教官。

我出生于军人家庭，同时也是家中独生子，家风尚忠尚武，能够像父亲那样加入中国人民解放军是我儿时以来的梦想。于是，我怀着属于一名清华学子的家国情怀和一个男儿的一腔热血应征入伍，来到了部队。在部队这座大熔炉里，我遇到了一个又一个对我生命产生重大意义的人，在他们的言传身教中，我学会了很多做人做事的道理。他们对我说过的话、给过我的帮助，我将永远不会忘记。

——马文鼎

记得我们身穿军装即将踏上征程的时候，校党委副书记史宗恺老师代表学校亲自来送我们。史老师对我们说："每一位清华大学生将来都有可能成为国家栋梁、兴业英才，人人都有远大的理想。你们选择了当兵，军旅经历会让你们在实现心中理想的过程中加一点沉重的东西，也会考验一下你们的理想信念是否坚定。"史老师指了指印在党委武装部墙上的八个鲜红大字：忠诚、勇气、血性、荣誉，说："如果你们能在两年内把这八个字印在心里，就算这个兵没白当！我期待两年后见到脱胎换骨的你们，祝你们一切顺利！"

坐上火车，一想到即将进入那个向往已久的军营，我的心中便充满了对于未来的无限期待。

部队是一个学做人的地方

刚到部队，班长就为我们打来了洗脸水、洗脚水，一边替我们安放行李一边说："为新来的同志接风洗尘是部队的老传统，这一路辛苦了，好好洗洗脸、泡泡脚。"看着班长的背影，我心里涌起一股暖流。

到了午饭时间，我们列队进入新兵营食堂，只见每张桌子上都摆着一大盆面条。"送行的饺子，接风的面。炊事班为大家准备了面条，招待不周请多包涵。"指导员高声对我们说。吃完了美味的面条，我感觉一切仿佛都不一样了。

清华园里的退伍老兵（第二辑）

当天晚上熄灯后，班长把我单独叫到一个房间里对我说："13 年前我刚来到部队的时候，我的班长也给我们打洗脸水和洗脚水，指导员也为我们安排面条，但是我的班长却在晚上狠狠地教育了我一顿。你是高校知识分子，喜欢读书，我也喜欢读书，我尽量用文雅的方式来让你懂规矩：我作为你的班长，亲自给你打洗脸水、洗脚水，你洗完了之后，又吃了指导员专门安排的面条，那么这个水应该由谁来倒？被你溅了水的地该由谁来拖？吃完面条的碗该由谁来洗？"

我听完感觉很内疚，班长见状态度也和蔼了一些，"我知道你是独生子，可能心中没有这个意识，这不能怪你，但是你要记住，这个世界上有人帮你是出于本分和职责，有人帮你是出于情分和善良。如果你没有感恩之心，不懂得礼尚往来，分不清本分和情分，始终觉得别人为你做的事是你应得的，那么就算你是清华大学的学生，未来也走不了多远！"

从班长的话中，我学到了一些以前从没有想过的道理。

步兵是天天和枪、弹、雷打交道的人，衡量一名步兵的重要"绩点"有三个：环数（实弹射击）、秒数（跑步）和米数（投弹）。

大操场上随处可见"冲圈"的士兵，在一次 3000 米考核中，我冲到了最前面，拿了第一。晚上班长把我从睡梦中叫醒："给你 5 分钟穿好衣服，跑道上等我！"于是，我懵懵懂懂地来到操场，才发现拿着秒表的班长是为了专门训练我冲圈。大概 20 圈之后，我的腿渐渐麻木，脑子从懵懂变为了恍惚。这时我听到班长对我下达了洪亮的口令——立正！

"你是东北人，我知道你们那里有一个方言叫作'懂事'。在我们这里，也有个同义词，叫作'上道'。上道有两种，一种是为了提高身体素质上跑道；另一种是为了提高思想素质上跑道。"我瞬间变得清醒。

"知道今天晚上为什么让你'上道'吗？"

"不知道。"我如实回答。

班长说："部队是一个学做人的地方。今天白天的考核要看集体成绩，你个人跑得再快有什么用？你的能力素质要用来服务大众，不能只顾自己。素质不如你的战友落在后面，你为什么不去推他一把，拉他一下？"

我静默了……

正是在这样一次次的"上道"后,我的军事能力和思想觉悟比以前有了很大提升。

部队是一个搞科研的地方

机械化步兵天天和各种枪械打交道,我的工科背景优势在这里得到了一定展现。单位的自动步枪都是2002年出厂的,准星上的夜间射击照明装置基本不起作用,因此大家的夜间射击成绩一直不理想。于是,我便拿自己的津贴购买了荧光粉,修缮了兵器室的步枪。此后几乎每一次的考核,我们单位的成绩都十分优异。

在进行某科目训练时,需要我们戴防毒面具进行实弹射击。因为目镜很容易冷凝呼吸中的水蒸气,所以影响射手视线,无法对远处仅出现3秒的目标进行瞄准。这个问题是长期困扰基层训练的难题,此前大家一直都用诸如"憋气"射击、目镜内测涂食用油等"土办法"来解决。经过观察和思考,我发现想要解决这个问题并不难,只需要找到一种高效的表面活性剂。当天晚上我便找连长说出了我的想法,连长很支持我,让我去尝试。我买了一些化工涂料,晚上熄灯后在俱乐部里反复做实验,后来终于找到了一种中性的、耐久性和防雾性都很好的玻璃涂料,完美地解决了目镜起雾的问题。经过批准,我把全连的防毒面具目镜都进行了处理,为我们单位在此后的射击比赛中取得优异成绩贡献了微薄之力。

对于平凡的机械化步兵来说,枪就是战士的第二生命。因为射击水平拔尖、责任心强且富有科研创新精神,我被选为单位的校枪员,校枪员需要对单位里所有的枪支情况烂熟于心。每一把枪的枪号是多少,实弹射击时出现过什么问题,弹着点散布是否正常……这些都需要校枪员牢记。参与多次校枪工作后,我发现传统的校枪方式由于缺乏高效且精确的校枪工具,因此效率低下,并且校枪过程中浪费子弹的现象严重。

我觉得很有必要设计一套尽可能排除人为因素,求出步枪的弹着点散布并能实现精确化校枪的工具,此外还要考虑人机工效,便于调试、组装和拆卸,便于勤务保养。于是，经过上级批准，我开始自己作计算，画图纸，利用外出的机会联系工厂加工毛坯件，然后使用部队的装甲车辆维修工具进行精加工。连续加班一个月左右，终于把校枪设备从图纸搬到了现实，并且样品达到了全部的设计指标。后来在某次一级战备中，我设计的校枪仪器发挥了重要作用，通过了实践检验。退役后，原单位的首长跟我联系，多次称赞我的发明是"校枪神器"。我很高兴能发挥一名清华大学工科生的专长，为单位作出一些奉献。

部队是一个学做事的地方

有一段时间，我由于训练不当腰部受伤，便被临时借调到纠察班工作。那段日子里我并不好过，因为纠察在大家眼里是一份"得罪人"的差事，战士们经常称呼我们为"上级首长的爪牙、鹰犬"。但随着工作的深入，加之班长的言传身教，我渐渐明白做纠察不仅需要霹雳手段更需菩萨心肠。我慢慢学会了如何将"得罪人"的事情办好的学问，认识到做人办事要像玉一样，圆润而不圆滑。

执法执纪工作就相当于免疫系统，只有免疫系统强大了，集体才能百毒不侵。时间久了，我可以不太在乎别人对我的评价，我对负有执法执纪责任的纠察兵们感同身受，他们是一群平凡却伟大的人，即使依然还有太多的人对他们存有很大的偏见。

结语：血性与灵魂关乎个人命运

我只是一名很普通的义务兵，当兵的这两年里，我仅仅是用心去做了一些该做的事，经历了一些难得的考验和宝贵的培养。忠诚、勇气、血性、荣誉，这八个鲜红大字是中国军人最引以为豪的东西，是我们宝贵的精神财富，也是做人做事的底气所在。

仍记得七八月份的浙江海训场，最高气温达到47℃，连吹一会海风都是一种格外奢侈的享受。我们白天需要全副武装在沙滩上一遍一遍地进行渡海登岛作战训练，或者在刮着台风的大海里练习泅渡，晚上还要在各种山林中毒虫的叮咬下保持一动不动地练习瞄准。很多人不理解为什么我要放弃安逸平静的校园生活来部队"受罪"，但正如著名作家柳青所说："人生的道路虽然漫长，但要紧处常常只有几步，特别是当人年轻的时候。"诚然，两年的青春时光纵然宝贵，如果我不去服役，我可以继续在窗明几净的舒适教室里学习，可以尽情攀登知识的高峰，节假日还能和亲朋好友相聚。但是，正所谓"有舍才有得"，我曾经熬过了"炼狱"一般的时光，从而意志更加坚定，韧性更强，心态也更加乐观和豁达。

经过军旅生活的锻炼，我充分意识到：作为一流学府的学生，不仅要有知识的力量，还要有体质的力量，更要有灵魂的力量！一身正气，堂堂正正，坚守底线，立德正己，这是血性存在的根基；百折不挠，不卑不亢，敢于较量，敢于斗争，这就是血性的表现形式，也是高贵的灵魂。它们关乎个人命运。

深厚的情谊和良好的习惯不会随军装一起脱下，我的生命中有了清华人的印记，有了军人的印记，有了红军传人的印记，我很幸运也很知足，当兵真的不后悔！

当我们谈起迷彩时

个/人/简/介

王昊,男,汉族,中共党员,1994年12月出生于天津市宝坻区。2012年9月考入清华大学社会科学学院,2015年入伍,2017年退伍,曾服役于中国人民解放军某部队。服役期间表现良好,荣立个人三等功,两次荣获"优秀士兵",获嘉奖一次,并在服役期间加入中国共产党。2018年开始攻读社会科学学院国际关系学系硕士研究生学位,曾任社会科学学院学生会体育部副部长、社会科学学院团委组织组组长、TMS协会社科分会会长、学生国际事务交流协会副会长等职,曾担任社会科学学院后备辅导员、2018年学生军训团教官、2019年国庆群众游行"伟大复兴"方阵第八大队大队长、2019年"12·9"活动退伍兵合唱队指挥等。曾获清华大学2018年新生军训优秀教官、庆祝中华人民共和国成立70周年活动先进个人及清华大学社会工作奖学金等荣誉。

> 生命如此短暂而绚烂，有些一去不返，有些永不消散。

——王昊

当我们谈起迷彩时

  2015 年 8 月 12 日，天津港发生特大爆炸。灾难发生的时候，我的父母正在从北京返回家中的路上，而我则和两个发小一起窝在北大西门的网吧里，享受着入伍之前最后一段自由的时光。这次的灾难破坏了很多幸福的家庭，但对我而言，则是改变了父母对我入伍决定的一如既往的支持。高中校长的儿子也是牺牲在这场大爆炸中的消防员之一，发生在身边的牺牲与死亡，让父母开始担心我未来两年的军旅生活：看似和平的年代，是不是一样会有危险？我并不算优秀的身体素质，能否承受得住两年的历练？

  过去，当我们谈起迷彩的时候，总会带着一种崇拜。

  我儿时绝大多数的记忆都是军营里的生活琐事。小时候父亲尚在军营，但我并没有什么概念，对于军装、迷彩，早已是司空见惯。尚不懂事的我根本不知道"军人"与"伟大"这些词汇的含义与联系。我对父亲的工作没有什么概念，只知道军人是保家卫国的职业，需要坚定的意志品质、严格的服从精神。而我从小被摇滚感染，更是有一股朋克精神，我从没把自己和军人这个职业联系在一起。

  直到清华带给了我莫大的改变。社会科学领域的学习让我更加倾向于去关注社会、关注潜移默化的情怀塑造。它让我意识到，作为一名中国人我应该去了解祖国的方方面面，了解这个社会中不同阶层的普通人在如何生活。

  我又从来都不是一个甘于平凡的人，或者说，我从来都不喜欢跟别人走一样的路。大学是人生中相对自由的一段时间，如果平平淡淡按部就班地度过四年，一点都不"摇滚"。于是我选择了去部队，去经历不一样的生活。

  回望那两年，有过荣誉，有过挫折，甚至真的经历过父母所担心的与死亡擦肩而过的危险时刻。但我收获最大、也最为怀念的却是平凡的感觉,这种"过好平凡的每一天"的态度持续到了今天,让我在现在的平凡生活中,做着那些不怎么起眼的平凡事,但却从来不会让自己成为一个平凡人。

蛰伏与适应:漫长的成长之路

步入军营,幻想着不平凡的我却经历了最平凡的两年生活。没有《我是特种兵》一样的波澜壮阔,我只是基层单位一名普通的战士,除了日常训练之外,我还会做这个社会最最普通、最不起眼的工作:搬砖、砌墙、搅水泥、种地、栽树、掏旱厕……

初次尝试的时候,心里难免有落差,但是放平心态,暂时忘记清华人的身份,我发现这些事情其实很容易。短暂的不适应会随着对环境的慢慢熟悉而逐渐消失,而"清华"两个字带给我的无形的压力,则让我比其他人更加渴望用荣誉来证明自己。

于是我开始不满足于统一的理论学习,每天晚上熄灯后我都会在学习室加班充电,不仅坚持英语阅读,还自学了一部分法语。为了保持写字和学习的习惯,我坚持写了两年的日记,还编了一些与部队生活有关的打油诗。我主动找到连队领导,承担起了新闻报道和文稿撰写的工作,并多次向军报投稿。从格格不入到站稳脚跟,我足足花了半年的时间。

当然,连队对于我的期望可远远不止于此。在基层领导的眼里,清华的学生兵是块"宝",更是什么都能干的"万金油"。除了连队日常的训练、学习,我还要随身背着相机给大家拍照,写宣传稿;排里有班长需要签字也找我代签,因为"清华人写字肯定好看";甚至连组织烧烤的时候,都要让我去给大家烤串;连队的文艺晚会,我不仅要主持串场,还要协调各方、审核节目,甚至上阵表演。为此,我在晚上站岗的时候,和一起站岗的班长熟悉台词,两个人对着连队门口的刺猬说了一段相声,回想起来也极为有趣。随着军营生活的不断深入,我发现自己能做的事情越来越多,我感激战友们的肯定,也期待着做得更好。

机会与担当：出彩的成功之时

机会总是留给有准备的人。在一次次试练中，我逐渐懂得只有主动承担和展示自我，才能取得辉煌成就。

2017年除夕前，师里决定举行党史、军史主题知识竞赛，我作为全营的义务兵代表参加了比赛。从接到通知到比赛开始，只有短短一周时间，而竞赛的题库，则有足足3000道题，其中还包括了数百道简答题。所有的简答题都是出自军队的条令条例，错一个字或者少一个字，都不符合要求。一同参赛的排长和班长比较照顾我，承担了抢答和必答题的任务，让我安安心心准备简答题和个人赛。

比赛当天，全师官兵到场。团体赛过后，我们队以微弱的优势拿到了团体赛的冠军，按照规则，我作为冠军队选派的个人，需要在剩余对手中选择一个队友一起对抗其他人，或者选择自己以一对六。不知道是当时的山呼海啸让我信心倍增，还是内心"清华人不能怂"的自我鼓舞，我毅然选择了以一对六——对手的6个人无论谁答出了正确答案，都算成功，而我则最多有一次错误的机会。30余道题的来回拉锯之后，对面的人被难住了，一个对手说出了错误的答案。随着主持人宣布正确的答案，我长出了一口气，但是我万万没有想到，主持人眼见比赛时间不足、结束过早，担心观众意犹未尽，向观众提议"大家想不想看看他到底能走多远"。更加热烈的欢呼和掌声让我有些不知所措，但我知道自己不能退缩，要尽快冷静下来，迎接之后的挑战——又是20余道题的问答，我对着屏幕上的题目，每道题只用了短暂的思考时间，全部说出正确答案，台下的叫好声愈加响亮。

这时，台下的领导突然提议，让我面向观众，背对屏幕，只靠听题作答。又30多道题过去，我仍然没有任何的差错，主持人终于叫停了比赛。颁奖的时候，那位提议的领导称赞："干得好！不愧是清华的学生！"

事到如今回忆起这段经历，我依然佩服自己当时的毅力。比赛结束之后有战友问我，如何做到答题一字不差，我的回答很简单："只要你一周之内，背完一本条令条例就可以了。"

抉择与退让：别样的成就之时

作为从清华入伍的士兵，要时刻心系母校。秉持这种想法，我在每年的6月底都会向单位请一周的假，参与学校的招生工作。

第一年，当我在大漠驻训时，招生组的老师联系到我，问我能否请假参与招生。未曾迟疑，我向领导打了报告，从内蒙古返回。一周的时间，我只在自己的家里待了1个小时。2017年，仍然放不下招生的我，在已经知道有阅兵活动的情况下，主动向连队提出了参加后勤保障任务。战友们在大漠里摸爬滚打、阅兵训练，而我则在后方的单位站岗执勤、种菜浇水。即便如此，我也从未后悔过自己的选择，不在第一线的岗位，也同样能够做得出彩。

然而第二年的事假，却不得不延长了3天。在我从招生组返回单位的那天，祖母突然离世。2017年的7月3日，退伍倒计时两个月，我的本科同学们在学校参加毕业典礼，战友们在朱日和刻苦训练，而我在家中披麻戴孝，送别奶奶最后一程。各种复杂的情绪在那一天不断冲击着我，也更让我明白，应珍惜现在的每一天，做好每一天该做的事。就这样，我放弃了重新加入朱日和队伍的机会，在平凡的后勤岗位上站好了自己在部队的"最后一班岗"。综合两年间的突出表现，单位决定授予我个人三等功。以迷茫、失落开始的两年军旅生涯，就这样画上了一个还算圆满的句号。

如今再回味那两年的时光，在开始时抱着雄心壮志想要大展拳脚，却发现只能跟拖把、垃圾桶打交道，心中难免会有落差，但也正是这两年的时间让我明白，做好每一件平凡的事，才是最大的不平凡。回到清华之后，我再没有当初的好高骛远，转而去专注于做好生活中的每一件事。任何远大的理想和高尚的目标都需要脚踏实地的努力，而我能做的，是踏踏实实过好每一天。

如果说这是两年的军旅生活带给我实际行动上的变化，那思想上的变化就是责任感。在部队的时候，我终于得偿所愿，光荣地加入了中国共产党。从党员的角度出发，我重新认识了军人这个身份。军人是承担了国家责任的人，是在这个和谐社会中为了维持稳定默默付出的人，我们每天做着不起眼的事情，但当国家和人民群众需要我们的时候，我们永远会站在第一线。天津港的消防员们如此，而今我们亦是如此。"退伍不褪色"，自觉承担起责任才是一名军人、一个党员应该有的样子。

回到学校后的这段时间里，我做过学院的后备辅导员、带过新生的军训，也作为退伍兵集体的一员参加"12·9"合唱、参与征兵宣传。但是我也知道，清华培养人才的目的从来都不仅仅是要我们回报清华，更多的是让我们把目标放在社会。一身戎装，一生家国。

以后，当我们谈起迷彩的时候，又会是什么样的心情呢？

我想对于所有的退伍老兵来讲，迷彩是伴我们一生的颜色，是我们忠诚和责任的象征。但我更希望的，是让更多的人了解迷彩对于我们的意义，并通过我们去更深入地了解社会。目前，参军只是一条少有人走的路，但我们希望终有一天，这条路能够成为康庄大道，让更多的人参与到国防建设中，让更多的人投入到社会的建设中。因为时代在呼唤着我们，国家在召唤着我们。若有战，召必回，战必胜！

我的两年迷彩生活

个/人/简/介

赵金龙,男,汉族,中共党员,1991年4月出生,内蒙古乌兰察布人。2011年考入清华大学经济管理学院,2015年9月入伍,服役于现北部战区79集团军某旅侦察二连,2017年9月退役。服役期间参加过两次出国比武集训,一次带新训任务。服役期间获得过"优秀新兵"、个人三等功、北部战区优秀狙击手、"践行强军目标标兵"、"草原狼"荣誉勋章、优秀退伍老兵等。2018年进入社会科学学院攻读研究生学位,曾任体育代表队第三党支部书记,现任硕182班班长。本科期间曾被评为优秀班长,2018年被评为清华大学军训任务优秀排长。

每个人一次只能选择一条路，如何抉择是我们能够决定的，如何去走也是我们能够选择的，无论什么样的路都不会没有起伏、没有挫折，我们能做的只有相信自己的选择，坚持走下去，途中可以停歇舔舐伤口，可以埋怨，甚至可以蒙头哭泣，但不要停止前进，到达目的地，回首望去，告诉自己：小伙子，其实你还不错！

——赵金龙

最轻松的新兵连

新兵连是军旅生涯的开始，是梦想发芽的地方，新兵连是军队开始的学前班，这是一个炼钢炉，来这里的人都会蜕变成一名战士。我的新兵班长是一名当了4年兵的班长，叫张宏，他是一名优秀的狙击手，参加过数次比武和狙击手集训，二等功、三等功，都是他4年军旅生涯努力的见证，我的狙击梦也因他逐渐萌芽。我的新兵连连长杨波，是一名在部队服役14年的老兵，军功荣誉可以挂满一面墙，我的大部分技能都是新兵班长和连长教的。新兵连对新入营的战士有着伐骨洗髓的作用。在闲暇时间我们会缠着班长讲述他的经历，在班长讲述他4年的种种经历中我有了想超越他的念头，对我而言那是内心深处的一颗种子。

慢慢地，习惯了起床号，习惯了坐下起立，习惯了两人成行三人成路，习惯了饭前一首歌，习惯了一人有错全部挨罚，习惯了每天的点名总结，习惯了所有，所以一切开始变得美好，战友情浓厚了，训练轻松了，授衔仪式和结业考核也来了。新兵连结业考核，3公里9分03秒，战术18秒，手榴弹成绩47米，射击49环，队列标准，理论知识满分，内务优秀，获得了"优秀新兵"。新兵连的"锻造"让我丢掉了20多年的坏习惯，变得更加自律，懂得珍惜别人的付出，在这里收获了"新兵连战友"的情谊，这份情谊一直保持至今，此刻依旧无比怀念新兵连。

清华园里的退伍老兵（第二辑）

英雄侦察连

赵金龙，到！尖刀班，这是我新的班级，尖刀班，全旅唯一一个全是尖子的班级。刚下连，进了尖刀班，我不止一次听到质疑声和猜测声，心里很是不舒服，但又不能辩解，心里一直憋着一股劲。下连后第15天全连进行所有科目考核，这次考核，我拿了全连第一名，一战成名，在一号院里都知道有一个新兵很厉害，而且还是来自清华大学的兵。通过这一次的考核，质疑声没了，却有了压力，因为学校的光环我不得不去努力，慢慢地心理负担加重了，有了躲避任务的行为，这种情况持续了近一个月。在那一段时间我想过退缩，想过逃避，甚至想过换单位，但最后还是坚持下来了，想着如果逃避是不是更加印证了别人的看法，与其这样还不如顶着压力做一个与众不同的大学生士兵，至少证明清华的学生是可以的。现已退伍两年，每当看到柏油路两旁种着杨树的地方就会想起一号院，那个地方也是柏油路旁长着高高的杨树，每天早上和下午都有一群人背着背囊喊着口号在奔跑，如今只能想起在那里的美好，就算是班长的责骂也那么美好。

蜕　变

在新兵连的时候我曾想，下一次再坐火车的时候应该就是退伍返校的时候吧，没想到6个月之后我就再次坐上了火车，不是返校，而是去离北京更远的地方——葫芦岛。

2016年3月北部战区给原40集团军下发通知,让各单位挑选赴俄罗斯"国际侦察兵"比武的人员到集团军集训选拔，然后再到战区选拔。经过旅里层层选拔，我顺利拿到了集团军集训的入场券，3月7日到集团军报道，46个人里只有我是新兵。起初我什么都不会，边练边学，极限体能、高强度奔跑后射击、攀登训练、脑力训练，从排名垫底到最终考核的第4名，我成功拿到北部战区比试的机会，也是这一次的经历让我更加明白军人荣誉至上，也是因为这一次的集训，班长们拼命的样子影响了我，同时也改变了我。

狼　群

　　西伯利亚狼群——这是教官给我们这群"饱受折磨"的人起的名字。

　　北部战区考核，战区几乎所有的精英聚集，同在一个比武场一较高下，2天的考核，我代表40集团军以20分24秒的成绩拿到了武装6公里的第一名，综合成绩51名，没有进前50名的我，当晚已经打包好行李准备回单位，突然一个班长说首长要见你，我一头雾水地进了办公室。"你是赵金龙？""是"，"跑挺快啊"，"还行"，"都第一了还行？想不想来集训队试试？""想"，"那你别走了，去吧！"出了门我才反应过来，我留下了！10公里、50个不间歇的400米、飞刀、飞锹、低桩网、不间断的3小时力量训练，这样的日子过了一个月，我们转战到大连。到了大连，每天只睡5小时，训练强度比以前高了不止一倍，除了吃饭和睡觉，背囊和枪基本不离手，海滩20公里"浪漫游"、30公里的公路奔袭、森林里的方位角行进、打不完的靶、过不完的障碍、练不完的登降机、游不完的泳、饭前徒手3趟不停歇干拔攀登、90个单杠练习、擦不完的枪、飞不完的刀和锹，最后大家都心里"扭曲"了。从半个月休息一次到一个月休息一次，再到下雨就休息，又到下雨就练雨中射击，最后变成一句"训练就是休息"。

　　2016年，我经历了一名特种兵的炼成之路，这是收获满满的一年。西伯利亚狼群，聚是利刃，离群是独当一面的狼王，不知你们是否还会想起被海风吹弯的弹道和不知跌落哪里的弹头，是否还会想起曾经和搭档一起穿山越岭，是否还会想起海风吹不散的口号。

又见新兵连

　　在结束赴"俄罗斯国际侦察兵"比武集训之后，我从训练场到了医院，在医院待了将近15天的时间，被一道命令从病房拉到了训练场，原因是战区考核，连里需要负重能力强的人，在咬牙完成了考核后，被连长一句调侃当了新兵班长。新兵当新兵班长，经验不足，只能和班长请教，事实上无论

清华园里的退伍老兵（第二辑）

准备有多好，还是会遇到预想不到的实际问题。每一个新兵入营以后从物品摆放到叠被子，从队列训练到基础科目，每一个都需要手把手去教，不仅要照顾新战友的身体，还要时刻关注思想动态，3个月的新兵班长让我深刻体会到其中的不容易，在结业考核的时候班里拿了3公里第一名，队列第一名，结业考核全部优秀。

2017年退伍时哭得最惨的是自己带的兵，"此刻十分想念你们，你们有的已经退伍，有的还在部队守护着人民，无论在哪，希望你们都好，青春岁月能与你们共同为祖国站岗是我的幸运。"

狙　击

2017年3月北部战区承接前往哈萨克斯坦"狙击边界"的任务，由各单位推荐前往集团军所在地牡丹江参加选拔，由于在2016年的表现较为突出，我被派往牡丹江参加选拔。从没接触过狙击步枪的我不知道怎么拆枪，更不知道怎么校枪，是我的第一个教官——卢雪礼帮我解决了这些问题。第一天的我很兴奋，晚上回去擦枪，拆了装，装了拆，反复四五遍才弄清楚。第二天是肌肉记忆训练，一上午趴在冰冷地面上狙枪，身体逐渐变麻，先从腹部再到两个胳膊，再到双手，一动不动。第一次考核倒数第一，那种挫败感让人难忘，为了赶上老狙击手，每天不敢偷懒，练到俩胳膊肘都是很厚的茧子，右腿膝盖也是厚厚的一层老茧，洗澡的时候都舍不得沾水，生怕掉一点。从牡丹江转战大连，从白天射击逐渐有了夜间射击，枪越来越多，训练强度越来越大，竞争也越来越激烈。我每天吃饭在琢磨，睡觉在琢磨，睡眠不足、训练强度高、心理压力大，让我在即将转战新疆的时候开始掉头发。在新疆日复一日的高强度训练下，200多人里只有十几个人坚持到最后。从新疆回单位的时候已经接近退伍，还记得孙队长最后的赠言：无论以后在哪里，不要忘了我们曾经为了中国人民解放军的荣誉，为了祖国一起奋战过。至今我仍记得每一种狙击枪的密位，记得巾帼不让须眉的华路教官，记得每一位一起交流心得的班长，记得你们每一个打出满环的笑脸。

离 别

2017年9月3日，离别的那天，我是最后一个离开的，把所有人都一一送走，回到营房门口独自站了很久，似乎回到了原点，却发现在这里经历了很多很多，耳边又想起了入营的第一首歌：来无影，去无踪，如闪电，似清风，单枪匹马闯敌阵……你要问我是哪一个，我是那英勇的侦察兵。已经分别两年多的战友，你们还好吗？还记得一起蹲着点名的时候吗？还记得一起用脸盆吃泡面的情景吗？还记得摔倒功龇牙咧嘴的时候吗？我想我们永远不会忘记身穿迷彩装，脸涂迷彩油，也不会忘记我们的口号：警侦连，上刺刀，杀！！！

返 校

现已回到学校，已脱下军装，我有了一个新的称呼叫"在校退伍大学生士兵"。部队两年生活，让我更加了解了我们党的过去，让我更加明白了自己的使命和责任，让我有了质的蜕变和抹不去的军人模样。虽然我现在已不在部队，但是经过两年的"锻造"，红色血液已经与我融合，退伍后我积极参加学校、武装部组织的活动，曾任体三党支部书记、大一新生军训教官等，参加了2019年的国庆群众游行活动，现担任硕182班的班长。退伍后，我更加关注时事新闻，学习上更加努力，生活上更加自律。两年的军旅生活让我收获了真挚的战友情，让我收获了难能可贵的品质，也进一步荡涤了我的心灵，让我的灵魂更加纯洁。非常感谢部队两年对我的培养，让我更加懂得珍惜现在，懂得感恩，也感谢清华大学，为参军的同学解决了很多学习上的困难，同时也感谢校武装部的各位老师，在入伍期间能够不辞辛苦、不远万里地去看望每一位参军的同学，在实际困难上加以帮助和解决。退伍不褪色，脱下军装我们依然是军人，我们永远不会忘记"若有战，召必回"的誓言，愿祖国繁荣昌盛！

努力生活不辜负

个/人/简/介

韩瑞瑞,女,汉族,共青团员,1997年3月出生,安徽阜阳人。2016年考入清华大学新闻与传播学院,2017年9月入伍,服役于火箭军某部,2019年9月退役。服役期间被评为"优秀义务兵",荣立个人三等功一次。曾任新闻61班班长,现任清新时报特稿部部门主任,曾参加庆祝中华人民共和国成立70周年群众游行。

可以选择的人生有千千万万种，我一直更喜欢"宠辱不惊，看庭前花开花落；去留无意，望天上云卷云舒"的淡然，不喜追名逐利，随性也未尝不可。但人生总要有那么一些时刻，该把自己推到风口浪尖上，去经历未知变幻和风雨摧残，去勇敢地搏击风浪，挑战自己，让生命多一些波澜壮阔。

——韩瑞瑞

好儿女，当兵去！

我并不是从小就怀有参军入伍、无上光荣的情怀，也没有投笔从戎、报效祖国的一腔热血，但是新生军事理论课上吕冀蜀老师激情洋溢地讲坦克大炮、王晓丽老师和军人李振华近乎传奇的爱情故事、国防生主题团日上门良杰辅导员平静地讲述他的选择……这一切，让我终于驻足在学堂路上的一块海报前，"好儿女，当兵去"。

清华是名副其实的"又红又专"的大学，每年参军入伍之际，校园里处处可见红色的宣传横幅。海报上的优秀典型人物目光坚毅、身姿傲然，多少学长、学姐就是受到这样的号召而投笔从戎，而他们的故事如今又激励了我。于是，那个夏天我突然决定参军去。

现在想来，整个军旅生涯给我带来最大的改变是人生理念的变化。大一的时候没有目标，随波逐流，一年下来，我厌倦了把平凡当成不求进取的借口，想要挑战自己，逼着自己去改变。所以看到征兵宣传时，我当即领了一张报名表，下午就交到了学校武装部。

整个审核环节还算顺利，只是在装档案的时候出了一点小问题。我之前一直是个粗心大意的人，因此当我在填写表格的时候总是出错，每次都要劳烦学校和海淀区武装部的领导重新给我盖章，直到最后一次武装部的参谋对我说："最后一张表，再写错就别当兵了。"我回去战战兢兢地写，写一行字就停下来检查好几遍，最后终于有惊无险，档案封上的那一刻，我的心终于平静了。

清华园里的退伍老兵（第二辑）

刚柔并济的新兵连

清华的兵总会面临一个同样的问题——光环太重。由于CCTV军事纪实节目一路跟拍，我还没到部队，连长、指导员、班长就知道了我的存在，我也因此成了营区所有人的关注对象。那天凌晨2点我到达新兵连，兴奋得还没睡着，四五点钟就有战友摸黑起来叠被子，于是我跟着大家学了个模样就摆上了床。早上7点多教员戴着白手套来检查内务，用手摸了摸我的床沿，白手套上都是灰。那天，我成为全连唯一被点名批评的人，点到名字的那一刻，我喊出了军旅生涯的第一声"到"，尴尬而不安。

按惯例，每天晚饭后要看新闻，看完要点评，其他排的战友纷纷冲到前面要求发言，我们排却面面相觑不敢上前。当时的我丝毫没有起来发言的想法。这时指导员站起来说："今天我们这里有一位来自清华大学新闻学院的战友，我们让她来点评一下今天的新闻。"我不喜欢这种在众人注目下被推到台上的感觉，极不情愿地点评了新闻。晚上指导员和我谈了心，告诉我今时不同往日，不会因为大学生投笔从戎来参军，就搞特别对待，荣誉还是要靠自己去争取。我回答说参军只是想体验部队生活，锻炼自己，对于立功授奖并没有非常渴望，也不会因为自己是清华学子就觉得高人一等。我自以为自己的回答谦虚低调，然而却在指导员的语气中听出了不满："部队是个大熔炉，但这不意味着你要和别人一样。基地来了一个清华的兵，从首长到普通战士，都对你有很高期待，你应该把自己清华学子的优势发挥出来，努力为自己、为单位争取荣誉，争第一、扛红旗是战士的风采，平凡不是我们倡导的。"

对于这位指导员我是又爱又怕。为了激励我的进取心，她几乎每天都要在楼道里点我的名，"韩瑞瑞，黑板报你出一下""把这份文件送到机关去""等会儿开饭你组织唱首歌""十九大官兵座谈会的新兵代表名额给你，准备一下"……就这样，从被动参与到主动争取，我开始意识到我应该让清华学生的标签变得名副其实。

当我回忆新兵连时，印象最深的是拉歌和拔河。没有哪个老连队能比得过新兵连，为了荣誉，我们可以在拔河时把手掌握出血来，拉歌的势头直把一群男兵赶下舞台向我们求饶。正是在对集体的热爱中，我明白了进取的重要性。

通信兵，用光缆和电波诠释的价值

下连之后我被分到了通信连，通信专业最重要的是扎实的业务基础，要学近乎一整年的时间，每天都是枯燥的训练、考核。那时我心里有一个念头：我想带新兵，想当新兵班长！

小时候听过一首歌《当我成为了你》，我也想站在新兵班长的角度重新体会新兵连，把我的经验教给新战友，让我的两年军旅生涯留下一些痕迹。连长对我说没资历，我不肯放弃，又去找指导员、找营长，得到的回复是：你现在最重要的任务是学专业，先把专业学出来，能上岗值勤，再想其他事情。

为了给自己争取到机会，我拼命学专业，尽量缩短出班时间。为此我经常一个人在教室训练到深夜，除此之外还练习五笔打字，一篇文章打上几百遍，在手腕上戴上沙袋练力量。终于，在3月份的专业考核中排名第一，争取到第一个跟班的名额。实战操作不能出错，我却常因紧张而把所有的号码都忘到九霄云外，手也抖得打不出字，操作键位全都乱了。出了机房回到宿舍，我继续"加班"，有键盘时就用键盘练习，没有键盘就在纸上画一张"键盘"练操作，每天吃饭时也掏出号码来背，睡觉就抱着键盘睡。经过了层层考核，7月初某天的晚点名，连长宣布了我的工号，这意味着我可以独立值勤了。

当兵两年，我最珍惜的就是为数不多在机房值勤的时刻，虽然短暂却十分有意义。每次站夜岗，我常常对着月亮思考人生：大学生和普通战士有什么不一样呢？日复一日的训练、打扫卫生、政治理论学习的意义何在？直到我一个人坐在机房，向每一位有需要的用户报出自己的工号，听到他们的一声"谢谢"，我才发现了这一切的意义。来到火箭军部队之前，我也曾梦想成为导弹发射手，或者洞窟工程兵，但正是在这样看似不起眼的岗位上，用过硬的业务水平保证传令畅通，用电缆连接千军万马，我才真正理解了那句"我是革命一块砖，哪里需要哪里搬"，也才体会到每个岗位都有不一样的价值。

清华园里的退伍老兵（第二辑）

我是班长，也是新兵

某个晚上我正在机房值班，参谋来检查业务，他对我说："不错呀清华生，要去带新兵了。"原来连长把我的申请递交到了机关，得到了团首长的同意，我可以去带新兵了！

在带兵的过程中，教员的带兵理念常常令我感动：爱兵要真，砺兵要狠。我逐渐认识到一时的享受只会让她们在军旅生涯中迷失方向，不体验真正的辛酸与汗水，哪有刚毅的心去面对未来？于是我也成为当时自己口中的"恶毒"班长。只有亲身体验过才知道，原来班长也会在新兵挨骂罚站时自己偷偷抹眼泪；原来班长把每晚起来给大家盖被子当成一个任务；原来班长之间也会争着打开水，好让自己班里的孩子能有热水泡脚。就这样，我理解了我的新兵班长。

而令人欣慰的是，我带的新兵更能理解我的良苦用心，每次我大声训斥她们，她们反倒安慰我不要生气，表示一定好好训练；训练结束时互相踩腿放松，她们会强行把我按倒也踩上几脚。最后结业考核时，我们班成为新兵营唯二的全优班级之一，还有一个新兵成为全营唯一的全优标兵！

如此幸运能在短短两年军旅之中带过一次兵，让我的生活与别人有了交集。我把最深刻的体会告诉她们：不管带着怎样的想法来参军，不管军旅生活是十分靓丽还是不尽人意，最重要的是努力。凡是为之努力奋斗过的事业，所有的艰难都会被缩小，所有的收获都会被放大，最重要的是回首时可以坚定地说值得。

通信比武，军旅最后一笔

退伍的日子越来越近，火箭军即将组织十年来第一次信息通信专业比武竞赛，各单位都非常重视，迅速选拔骨干组织集训。快要退伍的我们都自动忽略了这个活动。连长、营长分别找到我，希望我去参加，但我都一口回绝了。直到团参谋长的电话打到连队，把我叫到操场，边走边聊，说希望我能发挥自己的特长，为单位争取荣誉。我明白自己不想去的原因除了老兵思想在作怪和怕吃苦以外，更多的是想逃避竞争，我不想承受别人过高的期待，害怕大家说出"其实清华学生也不过如此"这样的话。

使我改变心意的是教导员的一句告诫，她说："军人首先得讲政治。"我明白了这句话的意思。比武不是打仗，没有人会逼着我上场，领导们也只能做思想工作，最终决定权还是在我手里。但是从另一个角度想一想，为单位争荣誉不也是一个军人的职责吗？在单位需要自己的时候反而怠惰畏惧，怎么对得起这身军装？

于是我再一次背上背囊，开启了5个月封闭式集训。由于时间短任务重，这5个月我没有一刻松懈过，每周训练6天，每天训练13个小时，两天一次考核。当别人看演出时，我在训练；别人看电影时，我还在训练。困了就喝咖啡，厌烦了就换一个项目继续练，考核时还有各级领导来监督以营造紧张的氛围。最终我取得了个人单项第一、全能第二的成绩，也因此荣立个人三等功。当我们回到营区，全体官兵列队欢迎送上鲜花和掌声，我们的感受出奇一致："搞这些干啥，就想赶紧回去躺床上睡两天。"

回到单位如愿以偿放了几天假后，也就迎来了退伍。我以为自己卸军衔时会哭，结果当天却在动人的驼铃曲里一直笑得很开心，直到坐上离别的大巴也始终没落下一滴眼泪。我想原因可能是：想经历的和不想经历的都经历过了，没有遗憾，只有圆满。

对于任何人来说，军旅这条路都不是容易的，现在回首，只觉时光匆匆。当兵两年对于我的影响，将是一辈子的改变，让我不再像以前一样把隐匿在人群当成怠惰的借口，让我认识到努力的过程才是最重要的，不管前方有多少艰难险阻，只管硬着头皮上，困难没有那么可怕，我们也比自己认为得更加强大。

青春融进那片深蓝

个/人/简/介

时佳森，男，汉族，中共党员，1997年6月出生，河南周口人。2015年考入清华大学化学工程系，2018年9月入伍，服役于中国人民解放军南部战区海军某舰艇支队，2020年12月退役。新兵连期间担任新兵班长，入选"尖刀班"和"队列示范班"；学兵连时期担任专业区队长，在结业比武考核中获得特等奖；舰连时期担任舰船电工兵兼新闻骨干，随舰参与十余次重大演习训练任务，曾在涉外维权任务中担任翻译协助交流。获得支队专业比武第二名，获评"四有"优秀军人三次，荣获嘉奖两次，获评"优秀义务兵""优秀士兵"。

> 青春热血，流淌在祖国需要的地方。
>
> ——时佳森

提起笔来，似有千言万语涌上心头，却又不知从何处开始讲起。两年军旅生活的一点一滴在脑海中闪过，有平凡，有热血，有苦痛，也有欢乐。这 700 多个日夜曾经漫长得一眼望不到头，如今回首又觉得一切仿佛才刚刚发生。

兵之初：淬火百炼方成利刃

2018 年夏天，我参加了一场征兵宣讲会，听几位学长、学姐讲述自己的从军经历。当其中一位学长讲到自己在中印洞朗对峙时延迟退伍，写了 13 页遗书之后上了前线的故事时，本来还犹豫是否要暂停学业入伍的我，少年热血一下子被点燃了，我感到浑身的壮志豪情在那一刻开始熊熊燃烧。就是在这个既寻常又不寻常的夜晚，我的人生轨迹悄然发生了改变。

枕戈待旦，直面外敌，简直令我神往！"男儿何不带吴钩"，为了不让人生路上留下未能穿上戎装的遗憾，我填写了应征入伍报名表并参加了体检。体检结论是"水面舰艇合格"，这意味着我有希望登上军舰，浪花白和军舰的"诱惑"打消了我最后一丝犹豫，并且最终我如愿被分到海军部队。紧接着，拿到入伍通知书后便是办理休学手续，告别亲友和同学，告别已经熟悉的一切。

2018 年 9 月 10 日早上，我们出发前往青岛的新训基地。可当我站在营房楼前，在昏黄的灯光里摊开行李准备接受点验时，看着周围陌生的面孔、陌生的环境，心中陡然升起一团离别的压抑和伤感。给家里打电话报平安时，我低头看着包里似乎还留存着清华气息的酸奶袋，听着家人熟悉的叮嘱，终于还是湿润了眼眶。

新兵生活的艰苦超乎了我之前的预料，这对刚经历过一个美好夏天的大学生来说，仿佛一下子从天堂掉进了地狱。沸腾的满腔热血很快冷却下来，取而代之的是后悔和对退伍的期盼。但转念一想，路是自己选的，我不能给清华丢人，更不能让自己看不起自己！我强迫自己去适应并尽力做好每一件事，将困难当作磨砺。

熟悉了部队的生活环境后，精神上的难关便接踵而来。由于没有手机，获取外界信息只能靠每周十几分钟的公用电话和晚上的新闻联播。在那些牛奶包装盒的说明都能反复看好几遍的日子里，写日记成了我精神上的唯一寄托。每晚熄灯后借着路灯微弱的光，我在笔记本上认真记下每天发生的事，再写上一些对未来的憧憬，当作对自己的勉励。

很快，训练强度开始增加，一天的训练内容排得满满当当，凌晨 5 点 30 分的起床号陪伴了我在新兵连 3 个月的每一个早上。我们区队秉承"站着不动就是休息"的原则，白天高强度的训练内容几乎挤压了全部休息时间，晚上还得随时为紧急集合待命，一天下来，脑子里除了累和困再无其他想法，但我仍旧咬牙坚持了下来。

后来我入选"队列示范班"和"尖刀班"，并担任新兵班长，所有训练科目我都拿到了前三的成绩，成为区队的"最强列兵"。成绩的背后，是队列强化训练频繁"冒泡"被罚的上千个蹲起；是踢正步砸地砸到变硬的脚掌；是摸爬滚打后的满手伤口和浑身尘土；是手榴弹投掷训练后抬不起来的胳膊；是 30 圈长跑后 5 个 400 米冲刺的精疲力竭……由民到兵的转变是艰苦的，要成为一名优秀的兵，就要承担更多的苦痛，军人流血流汗不流泪，唯有伤痛和苦累才能磨砺出坚毅的品格。

如今，新兵连驻训场那夹杂着黄草飞沙的米饭、大雪中练习格斗术冻僵的手、训练间隙偷偷塞到嘴里的巧克力、授衔时冷得刺骨的寒风、离别时相顾无言的眼泪都已经悄悄隐藏在记忆中，默默提醒我那段成长蜕变的时光。

舰连：湛蓝之上的平凡与光荣

新兵连结束后，我在安徽蚌埠的海军士官学校进行了为期 3 个月的专业学习，之后被分配到南部战区海军某舰艇支队，支队驻地在三亚某军港。初到三亚时我被安排到某万吨大船上集训，按照舰艇礼仪，舰员着装整齐登上靠泊舰艇的舷梯之前需要向船尾的军旗敬礼，主桅如果悬挂国旗则向国旗敬礼。我当时不知道这个规定，一下车便兴奋地拎着行李往船上走，突然带队班长大喊一声："回来！先向军旗敬礼！"我急忙退回，放下背囊面向被甲板遮挡的军旗所在的方向，行下庄重一礼。

晚上去后甲板晾衣服，一回头，军港的夜景猝不及防被框入我的眼睛。远方城市的点点霓虹和闪烁着的航行信号灯交织在一起，在海面映出晕染的光影，周围的军舰灯光在夜色和山峦的背景下透出轮廓，海风猎猎，微波轻涌，不时传来海浪拍打码头的声音。我低声哼着"海风你轻轻地吹，海浪你轻轻地摇……"，完全沉醉在这军港美丽的夜色之中。

集训结束初到舰连，正值热带的酷暑时节。摇晃的船身、毒辣的太阳、无边的海洋，每一样都是对身心的考验。如果说肉体上的痛苦还可以忍受，那么精神上的孤寂却几乎让人抓狂。打扫卫生、帮厨、装备保养、训练、迎接不完的检查，日复一日的枯燥生活磨炼着我的心性，部队的条条框框磨平了我的棱角。在这缓缓流过的平凡时光里我经历了第一次出海、第一次晕船、第一次操演、第一次值更，我努力适应舰艇生活，也逐渐成长为一名合格的舰艇兵。

水兵和大海相伴相生，依存大海，就要接受它的一切。当大海变得狂暴时，风浪似乎要吞没舰艇，那汹涌浪涛之下是几千米深的令人心慌的未知。赶上台风或者寒潮时出海，我都会在卫生间吐完再回房间，睡觉时要用胳膊和腿把自己固定在床栏杆上才不至于被晃来晃去。但大海也有它静谧的一面，我见过光滑如镜、似绸缎般温柔的海面，见过如梦似幻的星空大海，也感受过劈波斩浪海鸟伴飞的浪漫。除了值更和补休，我每天都会在舷边看日出日落，航行时海风吹动衣衫猎猎作响，深蓝之上划出白色航迹，当地平线第一缕阳光照在身上，当海天相接处最后一抹红消失不见，我总会感叹万物生生不息，周而复始。海上美景总是转瞬即逝，可军舰却不能驻足停歇。舰行万里把定航向，舰艇有它要完成的使命。海上执行任务时，水兵值更不分昼夜，战风斗浪星夜兼程，大多数时间处于完全失去与外界联系的状态。

被船晃吐过,被海浪拍打过,被烈日和滚烫的甲板炙烤过,但我从没屈服过。在狂暴时抗争,在壮美时欣赏,大海有一千种样子,也会给我一千种馈赠。

平淡的生活虽是大多数,但平凡之中总会有不平凡的时刻。前甲板起锚时,一种对即将出航驶进茫茫大海的隐隐期待充斥心间:解缆起航,战士出征,我们的征途是星辰大海!航行时,每次仰望主桅飘扬的国旗,我的内心都会充满使命感和荣誉感,因为这面旗帜代表的是身后的国家和人民,这面国旗就是水兵漂泊海上的精神寄托。见证航母入列那天,舰艇所有人员全部按照要求穿上白色正装,以此来表示庆祝与欢迎,我至今仍旧清晰地记得内心的激动与民族自豪感在那一刻油然而生。身为军人,看到自己的国家日益强大,看到海军实力不断增强,我的感动和振奋溢于言表。强大的国防建设极大地提升了士气,中国军人消灭一切来犯之敌的信心和决心坚不可摧。

我敬佩"血洒疆场,马革裹尸"的悲壮,我敬仰梦想中"金戈铁马,征战沙场"的铮铮铁骨,我也一直在等待着某个热血时刻的来临。

从军两年,我参与执行过各种任务,其中紧急召回和紧急出航是最能激起军人战斗激情的时刻。有次我请假外出去医院就诊,突然接到紧急召回命令,那是我第一次碰上紧急召回。没有任何预兆的紧急召回一定是要紧急出航了,我立马狂奔出去打车,坐在车上时我的心还一直狂跳,不知是因为刚才的奔跑还是因为太过激动。最终,我顺利地在舰艇驶离码头之前狂奔到了船上,这是我第一次真切体会到"时刻准备着"的确切含义。紧急任务不分白天黑夜,时间就是最高的命令!

军人的荣光正是闪耀在那些面对危险却依然义无反顾勇往直前的时刻。记得在执行一次可能有较大危险的任务之前,领导作动员时对我们说:"有没有害怕的?到时候党员先上,独生子先靠后!"我站得笔直,手却微微颤抖,我感觉左胸前的党徽在发烫,顿时害怕和担心被心中沸腾的热血冲刷得一干二净。那一刻,我仿佛看到了那个全副武装和印军对峙的学长,那13页遗书慢慢浮现在我的眼前向我诉说着什么。我明白,它在对我说:我是党员,是军人,只要组织一声令下,我将义无反顾!

军旅：永不磨灭的痕迹

部队里光荣与热血沸腾的时刻少有，平淡才是工作和生活的常态，但我贪婪地想要记住每一份感受，想要记录每一个瞬间，因为每一份记忆都承载着厚重的意义。两年军旅生活虽短暂，但却已在我人生中刻下不可磨灭的痕迹。

"没有完成不了的任务，也没有战胜不了的敌人。"在与大海和军舰朝夕相处的日子里，我学会了坚毅和勇敢，也有了一往无前的勇气和信心，这是那片深蓝赋予我最珍贵的礼物。这两年，虽也曾留下种种遗憾，但人生总有不完美，军旅生活终将是我人生中浓墨重彩的一笔。一路走来，我的领导和班长们给了我很大的帮助和支持，使我渐渐成长为一名合格的军人，让我有信心做出坚定的选择和努力，让我懂得了军人的荣誉与担当。如今回想起那些曾经一起并肩作战、苦中作乐的战友们，回想起那些一块摸爬滚打、战风斗浪的日子，心中满是不舍，那同甘苦共奋斗的战友情谊我将永远怀念！或许在某个夜晚的梦里，我又穿上了熟悉的军装，舰艇紧急出航，战斗警报响起，我拎起救生衣冲到了战位上……

历经风浪，越战越勇，两年的军旅生活磨砺了我的性格，使我变得自律且坚强，我的生活态度和人生轨迹都已被这片深蓝深刻地改变了！当年那个站在人生路口迷茫的少年，如今已经经过千锤百炼的考验，拥有了坚不可摧的信心和勇气。穿上军装，我把最好的青春献给祖国；脱下军装，我仍会让青春热血流淌在祖国需要的地方！

你要相信这不是最后一天

个/人/简/介

王庆鑫，男，汉族，共青团员，1998年11月出生，山东聊城人。2017年考入清华大学水利水电工程系，2018年9月入伍，服役于中国人民解放军第83集团军某合成旅勤务保障营，2020年9月退役。服役期间先后担任汽车修理工、导弹装备修理工、连队文书、新闻摄影员、电台兵、多媒体骨干等职务，被评为"四有"优秀士兵。

> 不过分去在乎他人的眼光，尽管坚持去做你认为正确的事。
>
> ——王庆鑫

"黄昏的天空，很美；夕阳下的光亮，映在白墙；竟然就这样，流泪；微笑僵在脸上，回忆散落。"——《你要相信这不是最后一天》

2018年9月12日凌晨4时，吃过饺子，我从哥哥家坐车到学校，离别前与老爸老妈最后拥抱了一下。

9月8日那天，我在晚饭后还跟父母视频讲着"家里忙就不用过来了""我自己一个人也可以"。只是在列车开动的瞬间，我的眼泪很不争气地从脸颊滑落了下来。到达营区后，我尽全力绷紧身体，像一块木头般伫立在观礼台前等待排长们依次抽取档案，内心却随着耳旁传来的同伴们铆起浑身劲喊出的一声声"到"而不断起落。终于，最后一位排长喊出我的名字，把我带回了修理二连。

进入修理二连后，我有了新的身份：代号8-315，新兵八连三排一班第五名战士。新兵班班长黑黑壮壮的，是名侦察兵，每次训练都会激励我们：我们是一班，一班就是尖刀班。实战手段各种花样层出不穷：冲圈、冲坡、俯卧撑、小推车……入伍前，我的体能在合格线以下，体重在合格边缘，只能勉强做两个俯卧撑。班长姓靳，后来我们叫他"刚哥"。"刚哥"的老连队有句话叫"打倒小胖子，消灭小肚子"，所以新兵连也成立了一支重量级的集训队——猎人小队。在猎人小队的日子充满激情，大家都很拼命，每个人不甘落后，我也留下过汗水、泪水和血水。为了减下体重，我每天坚持跑步10公里，还要套上雨衣提高核心体温；第一次测3公里不合格，再上路时就跟着前面的战友跑，一直跑到两眼发黑、看不清路了再缓上几秒接着冲刺；为了锻炼一直是弱项的上肢力量，我从训练到睡觉，腿上、手上各绑两个沙袋，拉杠拉到满手老茧，磨了破，破了又磨；班长嫌弃我们战术动作太水，让我们在足球场上低姿、侧姿匍匐一遍遍来来回回，磕得我们膝肘鲜血直流，浑身遍是青紫；我们练胆量——摔倒功，脑袋"咚"地撞在地上，却不觉疼痛，

清华园里的退伍老兵（第二辑）

只想着下一次要避免这种孤僻动作……部队每天的重复训练，在强化我的体能、技能的同时，也在潜移默化间把军人应有的担当、血性融进了我的骨子里。我明知当兵就是要吃苦，但其实就算做好了心理预期，也避免不了被现实压迫得喘不上气。

每天的生活总是紧张忙碌，起床、操课、收拾内务、打饭开饭、打扫卫生、训练、体能，"两眼一睁，干到熄灯"。每天的安排都是按部就班、井然有序，没有什么自由可言。我的前辈晓丽姐讲，她还是新兵时，战友在打扫卫生时偷偷塞给她一块大白兔，她还不太理解，直到亲身经历在饥肠辘辘之后躲在被窝里与临铺战友一起啃一块压缩饼干后，她才体会到其中的珍贵和感动。像一个班总有调皮捣蛋的学生一样，排里也从不乏点炮的，而担责任受罚的，却总是集体。时而某甲边走路边嗑瓜子，为大家赢来一次紧急集合的机会；又时而某乙没来得及打扫卫生，大家就在一块儿比谁蹲的姿势标准、蹲的时间长；再或许某丙在队列里为了驱赶蚊子皱了皱脸，一场紧张刺激的短跑比赛便即刻拉开序幕。生活的充实使人无暇胡思乱想，到自由活动时，万千情绪就从我心底的角落涌了上来，有难过、有后悔、有迷茫，还有一丝对明天的恐惧。有一次去阳台上跟爸妈视频后，我一个人坐在地上开始默默想家，想着想着，泪水就在眼里打转，我却没有勇气让它掉落。班长来收衣服，看见我说，怎么坐这儿了？地上多凉啊，要是不舒服，去屋子里躺一会儿。没经过我的允许，鼻子一酸，眼泪还是自作主张啪嗒啪嗒地掉在了地上。

班长在训练上始终要求我们不断超越，在生活中却不吝自己的呵护关心，消融了本应存在的隔阂，使我们跨过代沟成为生活中无话不说的好友。后来与班长聊天时，他亲口讲了第一次见到我时的想法："我寻思，这大学生都免不了书读多了轴得不行，你还是个"小胖"，体能也肯定白瞎。不过有一点，好大学出来的学生对自己的要求还是高。"临终末了，班长要回侦查营，我们都舍不得分开。还记得他坐的那辆车号54504的运输车，也记得他对我们说"好好听新班长的话"，更记得车下7名列兵一齐敬礼时帽檐下掩藏不住的泪珠。不怪有人说，新兵情谊弥足珍贵，大家同舟共济、共克时艰，训练时形影不离，互相加油鼓劲、拼搏向前；休息时同样有默契，一个眼神就能明白意思，相约阳台，大快朵颐。同吃同喝，战友情谊单纯而美好。

你要相信这不是最后一天

《老子》里讲："为学日益，为道日损。"收获的东西愈多，在军营里愈需要一点点积淀。下连后，我需要处理连队文书工作，工作却很烦琐，为防错漏我常常是再三检查、确认无误方敢上交，为此熬夜加班也成了常态。像一位老班长讲的，连部班班风就应该叫"灯火通明，干到天明"。想起入伍前与水工72的同学们聚会，最终合影时，大家一声"活着！"是对我的祝福。后来与大家联系的时候，我偶尔也会开玩笑说，虽然不愿如此，但可能要辜负你们的期望了。两次春节，连队都组织写下新年目标，我写了两遍"活着"。不过活着嘛，总得活出个样子、活出自己的特有价值。我曾经崩溃过，被营文书班长批评到一出门眼眶红红的就开始哭，在别的连门口不敢回去被战友看见，一位上等兵班长过来骂我，你哭什么哭，还有一年多呢，这点东西都承受不了你来当兵干什么。后来我担任起连队多媒体骨干的职位，从退伍视频，到连内外橱窗展板，再到班长们授课用的教案课件、教学视频，面对各种各样的任务，我就像在连队图书室借的那本书的名字一样：PS/AE/PR/PPT从入门到精通，而我也逐渐成长起来。通过多处调研与学习、与广告公司沟通，整个氛围建设小组终于齐心协力做出了连内、食堂文化氛围布置及荣誉室建设。在默默扮演幕后英雄的那段时光中，我曾迷茫，对整天忙碌的生活不知所措；我也曾低迷，想生、旦、净、丑不管什么角色都好，只要能让我到舞台前。幸而指导员的一次恰到好处的谈心帮助了我，他与我讲述当时的一批发展党员（一部分优秀的班长）是如何被他压上担子，一直做默默无闻的工作，于无形之中增长才干、提升素质，最终一步步成长为连队的骨干。连门上方有一句话我很喜欢："敢为人前当先锋，甘为人梯保打赢。"听从组织安排，尽心尽力先做好本职工作，不论台前幕后，总归会有发光发热的机会。

"因为你啊，需要坚信，不要再怀疑；或许留下遗憾；也算经历了潮起潮落；惊喜会在裂缝中结果。"——《你要相信这不是最后一天》

两年服役期间，我有幸参加了实兵对抗演习，而演习的第一部分就是抗疲劳训练、饥饿训练，在睡不好、吃不饱的情况下整建制拉出去长途机动奔赴演习场。我一边想着与蓝军抗衡，一边与恶劣多变的环境作斗争：缺水、没电、高温、白天全副武装，夜里枕戈待旦。三两天就捂出满背的痱子，每天针扎似的疼痛，像是提醒我要时时打起十二分精神，去仔细捕捉蓝军每一

清华园里的退伍老兵（第二辑）

个蛛丝马迹。高技术战争下往往是"第一仗就是最后一仗"，蓝军的侦察单位总会在意想不到的时刻出现在意想不到的地方，随之而来的就是炮火覆盖。某天晚上，蓝军一支侦查小队绕过四个哨位，从玉米地中潜了出来，利用夜色天然掩护用定时炸弹接连毁伤了我营数辆车辆装备。接到警报时，我匆匆穿上衣服，披装提枪直冲出去，夜路奔袭3000多米终于捕获了这几名蓝军士兵。这是我第一次体会到战场环境的危险与不确定性。

习近平总书记多次强调：和平时期，决不能把兵带娇气了，威武之师还得威武，军人还得有血性。改革前部队里一直流传着这么两句话：苦侦查，累有线，轻轻松松无线电；紧步兵，慢炮兵，稀稀拉拉后勤兵。但是，在2019年年终的冬季适应性训练——连续两天的徒步行军、野外食宿中，修理二连在旅首长及全旅官兵面前为自己正了名：新时代的修理兵，握紧钢枪能战斗、拿起工具会修理。多走山路、多走弯路、多走小路，是拉练路线选择的最低标准；不丢弃、不抛弃、不放弃，是给每名官兵提出的基本要求。在这种情况下，第一天上午上级就向我们下达了定向越野10公里的任务命令，我们心中闪过的错愕在冲锋号的中转瞬成了冲刺的虎气、拼搏的勇气、争先的朝气。尖刀班最能锻炼战士们的意志，"火车跑得快，全靠车头带"，连队的尖刀就是火车的车头，如果自己慢了，全连就都慢了。借着一股不服输、怕丢脸的韧劲儿，我们尖刀班硬是一鼓作气，带领全连冲过了地图上"短短"的20厘米。在单兵负重70余斤的情况下，大家一路相互扶持，全连把汗水洒满了一整条路。路上不少老乡停下车来关切地询问我们：军人，要不你们上车吧。但我们也只是从嘴里挤出一句"谢谢"，然后皱出一张"笑脸"，心中淌过军民鱼水深情的暖流，继续上路。冲过终点那一刻，全连都松了一口气，可是在心劲下去的同时，疲惫感登时袭了上来，体力不支的战友摇摇欲坠。当此刻，"同志们，唱首歌：英雄部队，一起～唱！"飞虎旅旅歌如平地惊雷般炸起在山间，直奔向天际。倏忽间自己仿佛处于战场之上，几十架美机呼啸盘旋，我们却毫不顾忌，甚至"去掉伪装，大摇大摆地行军"。最终，英雄的飞虎师雄赳赳、气昂昂，历时14小时，奔袭145华里，直至穿插占领三所里，一举把沉浸在"圣诞节攻势"喜悦中的美军踹到雪地中去挨饿受冻。画面回转，一位首长挥笔洒出心中的豪迈：中国人民志愿军万岁！38军万岁！回过神来，我们步履铿锵砸地有声，在飘扬的团结奋进修理连连旗下奔向下一个任务点。参谋长在总结会议上称赞我们：修理二连听招呼、敢拼搏、讲团结、有血性！

天下没有不散的筵席。这铁打的营盘，也要送走我们这批流水的兵了。再回忆起来，充满艰难困苦的生活竟变得弥足珍贵，演习时被雨水浸湿的被子、冲圈冲坏的作训鞋、训练场上被汗一遍遍洗刷的迷彩服，还有朝夕相处、亲密无间的战友们，随着退役命令的宣布，都向我道了珍重，道了告别。

正如《你要相信这不是最后一天》这首歌最后唱到："因为你需要坚信；只为了更好遇见，才赠予了距离和时间；那一天，值得等待；那一眼，满载星海。"

你要相信，这不是最后一天。

两年时光很慢却又很快，昨儿个方吃下了两大碗面，今儿个战友包的饺子热气腾腾地就端了上来，好几大碗。

"班长，我吃饱了。"

"班长，再来一碗呗。"

义务有期，奉献无止

个/人/简/介

李畅，男，汉族，共青团员，1999年11月出生，贵州贵阳人。2017年考入清华大学工业工程系，2018年9月入伍，服役于空军航空兵某旅机务大队，2020年9月退役。服役期间表现优异，曾先后担任中队文书、警卫员和机务大队维修与训练管理室助理员等职务，获得全旅"内务标兵""学习标兵"称号，荣获"优秀义务兵"和嘉奖一次。

平凡的工作，需要一颗不平凡的心；欲止战，需备战。

——李畅

一封改变人生的邮件

2018年6月，我和其他人一样正深陷考试周的水深火热，一封来自学校武装部的邮件却像突然出现的鼓点悄然打破了这种常规节奏。邮件标题里"征兵"二字赫然醒目，带着一丝激动，我仔细地看完了这封邮件，内心渐渐有了一个决定。

一年前，我拖着行李来到憧憬已久的清华园，尽情畅想之后的四年能成长为一个怎样优秀的人。然而一年过去了，大一的学习生活却逐渐让我有些迷茫。整日奔波于宿舍、教室和食堂之间，三点一线，日复一日的生活不免有些枯燥和乏味。加之由于当时我是班里的团支书，因此常常需要利用休息时间来处理班级事务，这些琐碎的事务渐渐浇灭了我初来乍到的热情。大一就这样到了尾声，反首观之，却发现自己各方面的进步都不甚理想，于是我开始思考自己每天忙忙碌碌究竟收获了什么，而我的内心又到底想要什么。

带着这样的困惑我坐在计算机前，盯着这封邮件沉思了许久，"参军报国，无上光荣""好男儿志在沙场""当兵后悔两年，不当兵后悔一辈子"等令人振奋的句子在脑海里闪现个不停。我突然想起几天前匆匆忙忙赶去上课的途中不经意间瞥见的征兵宣传海报，学长、学姐穿着颜色各异的迷彩服，有的在卧姿狙枪，有的在绳上攀爬，有的穿着帅气的常服站着标准的军姿……但他们都有一个共同点——凌厉且坚毅的眼神。我想，他们心里一定都有坚定的志向和明确的方向，他们一定清楚地知道自己正在做的一切究竟是为了什么。

走吧，去军营寻找答案

如果入伍能找到答案，那我何不与他们一样穿上军装，投笔从戎，保家卫国，也许这就是我想要的，这就是我的青春本该有的样子。我想跳出这个让我低迷的舒适圈,去接受狂风和暴雨的洗礼,无论遇到什么样的挑战我都不会怕,因为我知道"那些打不垮我的,终将会使我更加强大"。

当我独自做出这么大的选择时,并没有跟父母商量,但是我知道我的家人一定会理解并支持我。我的爷爷和父亲都是党员,耳濡目染之下,我从小就对这支创造了无数奇迹、让中国从历史的残骸中焕发生机的中国人民解放军拥有发自内心的崇拜和向往,而对领导这支军队的中国共产党更是有着坚定的信仰。

我看过许多关于抗日战争、解放战争、对越自卫反击战的电影、纪录片,每一次我都会被那段历史深深触动。为了反抗侵略、解放和建设中国,那些和我同龄甚至比我还小的年轻战士们,一个接着一个地献出了自己的生命。与他们曾盛放又旋即凋零的生命相照应的,是在几十年后的今天,出生于和平与发展年代的我得以快乐、健康地成长。每念及此,我深感遗憾和痛心。

作为中华人民共和国的一名青年,我应当继承先辈遗志,若有战争发生,理应扛起枪奔赴战场,一如几十年前那些奋不顾身的年轻战士一样。战争来临,宁愿我为同胞牺牲,休叫同胞为我牺牲,躲在同胞背后苟活,多么令人羞愧和耻辱。我既已成年,理应肩负起保家卫国的义务,既是热血青年,理应将青春尽情挥洒在军营。

平凡与不平凡

我服役的单位隶属于航空兵旅的机务大队。机务,即飞机维修保障,保障飞行安全,将事故发生率和飞机完好率控制在一定范围。机务部队,是空军战斗力的一个重要组成部分,一架战斗机从出厂到寿命完结,要经历无数次的检修和改装,越是先进的战机,就越需要维修质量高、保障能力强的机务人员。"甘为天梯托骄子,辛酸苦累十数年",机务兵日复一日、年复一年地做着重复而又平凡的工作。飞机就像是他们的孩子,每天都要细心呵护,无论刮风下雨都牵绊着机务兵的心。

夏天,机场地面温度可达五六十摄氏度,头顶的太阳肆无忌惮地辐射热量,热浪一阵一阵吹打在皮肤上,在这样恶劣的环境下,机务兵往往一待就是一天。即便酷暑难耐,也还是要静下心来认真细致地检修飞机,必要的工作流程一个都不能落下。汗水滴答滴答落在地面上,马上便蒸发,衣服湿了又干,干了又湿,裸露在外面的皮肤更是被炙烤成黑红一片。冬天气温零下十几度,宽阔的机场上大风肆虐而过,尤为冰冷刺骨。但是出于工作的特殊性,机务兵不能穿着大衣或棉袄工作,只能在工作服下套几件保暖的衣服御寒。就算是在这样一个飞机表面都可以冷冻结冰的天气里,他们照样要爬上爬下,用冻得红肿的双手小心翼翼地装上一个个螺帽和螺钉。有一次,突然半夜下起冰雹,狠狠地敲打在飞机露出的部位上,机务中队立即紧急集合,号召大家将自己的被子盖在战机表面以保护战机。没有一个人不情愿,因为对机务兵来说,飞机就是自己的孩子,是飞行员的生命,是国家的财产,是战胜敌人的利器!

维修飞机绝对算得上是一个精细活,每一个步骤、每一个动作都是前人用实践甚至是牺牲总结出来的经验,每一项工作的完成都要经历多次复查,每一次飞机升上蓝天都揪着机务人员的心。在绝大部分时间里,机务兵所做的工作都是烦琐、重复且枯燥的,但是却不能容许有丝毫的差错,千里之堤,溃于蚁穴,前人已用血的教训警诫后人。因此,"把重复的工作做精细"是机务兵的信条和追求,也是机务工作的真实写照。

站在跑道上,耳边呼啸着战斗机引擎巨大的响声,目送着战机从地平线上升起,逐渐消失在远处丝丝缕缕的白云中。战机巡视着祖国的大好河山,它所经历的景象仿佛也映照在机务兵眺望着天边渐渐神往的眼神中。我曾无数次想象,当敌人来临,就让我亲手送战机翱翔,待到战胜敌人,迎其凯旋!这,就是航空机务兵!

除了飞机检修,我还曾在机务部队担任过一段时间的文职。文书工作跟机务工作一样,需要严谨、细致、细心和耐心,主要任务是协助连队主官做好政治工作,完善各类数据信息,维护好各类营房营具,搞好后勤工作,帮助战友们解决后顾之忧。有时我觉得自己就像一个无所不包的管家,小到帮战友写文章、给连队写新闻,大到完善政工资料、协助主官处理重大事务,脑子里随时装着事,经常熬夜加班。我甚至觉得这个工作比训练还累,但是我很庆幸自己做过文书工作,因为它磨砺了我的性子。

清华园里的退伍老兵（第二辑）

刚开始接触这个岗位时，我连一篇公文、一项登记都做不好，为此还受过指导员的批评，我感到很羞愧，之后便主动学、主动问，一点一点地进步，一次一次地打磨。渐渐地，我不再像刚开始那样毛手毛脚和思虑不周，各项工作都能熟练掌握，工作起来也愈发得心应手。这份工作经历不仅让我学到了许多做人做事的道理，还培养了一些必要的办公技能和技巧。更为重要的是，我相信这种尽力把工作做到极致的态度，会在未来的学习、生活和工作中发挥莫大的作用。

以前在站岗时，我每天都只会对着千篇一律的营门外发呆，刚开始的时候总在心里默数着时间，当感到身体酸痛和极度无聊时，剩下的每一分钟都是煎熬。站岗需要保持良好的精神状态，时刻保持警惕，对警戒区域内的情况要悉数掌握，还要时刻提防特殊情况的出现并盘算着合理的处置方法。每当我进入值班状态，天地间仿佛只剩下我一个人、一个哨位，平静的内心便泛起阵阵孤寂之感。耳边偶尔传来的几声鸟鸣虫鸣，还有不时轰隆作响的飞机声暂时打破这寂静，也会使我愉悦一些。在习惯了这种孤独和束缚后，我的性格也慢慢开始沉淀，变得更加稳重和自如，两个小时的值班时间于我而言也再不似从前那般令人难以忍受。

每次听到飞机从头顶划过的轰鸣声，我都要抬头看看，运气好时能看到飞机编队整齐地消失在远处。我常常幻想自己驾驶战机飞过天空，在云海中穿梭，地上还有许多人用羡慕且尊敬的目光注视着我的身影，这是一件多么令人骄傲的事啊！而现在，我却只是那个站在地上抬头仰望天空的人。但是我并不失落，因为我知道当前的羡慕只是暂时的，我还年轻，我还要回到学校继续完成我的学业，去掌握同样能为国家发展助益的知识和技能。或许我不能成为一名空军飞行员，驾驶战机骄傲地翱翔在天际，但是我相信学有所成之后，我一样能在某一领域做着同样令人骄傲的贡献。

部队磨炼了我的性子，使我戒骄戒躁，能够专注于眼前的工作，还激励了我的向学之心、加深了我的报国之情。它使我明白，就算我只是一名警卫员，但我依旧可以梦想成为一名飞行员。"不想当将军的士兵，不是好士兵"，经历过平凡，不甘于平凡，才能在平凡的工作中做出不平凡的成绩，而我，将永远追求不凡。

后记

《清华园里的退伍老兵》（第二辑）是《清华园里的退伍老兵》的延续，讲述了清华园里一群热血青年的一段短暂却珍贵的人生故事，他们从天南海北来到清华，又以此为起点，带着"从军梦"奔赴绿色军营。他们甘愿走出象牙塔、远离舒适圈，喊着"到最艰苦的地方去"的口号接受最严格的磨砺与考验。再次归来，"忠诚""勇气""血性""荣誉"这八个字是于熔炉中淬炼出的品质，更是属于他们的无上荣光。本书以这四个关键词串联起清华退伍老兵的故事，采用老兵自述的视角，"以我笔写我心"，力图还原老兵们携笔从戎一路走来的赤诚之心，生动展现年轻学子转变为钢铁军人的成长征途。

清华大学自2005年开展征召义务兵工作以来，取得了丰硕的成果。截至2021年春，已有244名同学应征入伍。目前已退役返校的184名同学中有180人被评为"优秀士兵"，37人在部队立功，其中1人立一等功，4人立二等功，32人立三等功，46人在部队加入中国共产党（另有39人入伍前已经入党），2人参加"九三"大阅兵，4人参加朱日和阅兵，1人获得专利（95式自动步枪子弹管理系统）。返校后，退伍不褪色，他们中70多人免试推研，7人转为国防生，34人担任思想政治辅导员，3人被评为全国和清华大学自强之星，2人担任清华

清华园里的退伍老兵（第二辑）

大学学生会副主席，1人担任火箭军征兵形象大使，1人担任海淀区征兵形象大使，1人担任北京市征兵形象大使，7人选调至基层部门工作。另有许多退役同学在学校公益组织、院系学生会、班级党支部等学生组织中担任职务，贡献力量，退伍老兵的优秀事迹也被中央电视台、《人民日报》、《解放军报》等媒体广泛报道。希望通过他们的故事，能够展现当代学子不一样的人生抱负，让读者感受到年轻一代热爱军营、淬炼成钢、回报祖国的热血青春。

本书由清华大学党委副书记过勇作序，熊剑平担任主编，邓宇任执行主编，王晓丽任副主编。吕冀蜀、白玉凤、李正新、刘闯、郑凯丽、郑亚旻、韩瑞瑞、罗芙蓉也参与到稿件的具体编辑和修改工作中。感谢所有对本书编撰出版给予支持的老师和同学，因编者水平有限，书中难免出现疏漏之处，还请各位读者不吝指正。

编　者

2021年4月